神是誰？

Who God is?

系統神學叢書

被釘的神

新約的獨一神論與基督論

包衡 著
李樹德 譯

▼

系統神學叢書

被釘的神

新約的獨一神論與基督論

God Crucified

Monotheism and Christology in the New Testament

原著
包衡 Richard Bauckham

譯者
李樹德

審閱
吳翠珍、李慧儀

執行編輯
李慧儀

裝幀設計
胡立強

■

出版 / 發行
基道出版社
香港沙田火炭坳背灣街 26 號富騰工業中心 1011 室
LOGOS PUBLISHERS
Unit 1011, Fo Tan Ind. Centre, 26 Au Pui Wan St., Shatin, Hong Kong
電話：(852) 2687-0331 傳真：(852) 2687-0281
網址：http://www.logos.com.hk

承印
陽光(彩美)印刷公司

●

10/2002 初版 2/2016 二版
Cat. No. LP220-2
ISBN-10: 962-457-213-5
ISBN-13: 978-962-457-213-1
First published in 1998 by Paternoster Press
under the title *God Crucified*

Printed in Hong Kong

刷次	10	9	8	7	6	5	4	3	2	1
年份	2025	2024	2023	2022	2021	2020	2019	2018	2017	2016

作者中文版序

我很高興得悉本書將發行中文版。本書自一九九八年在英國出版以來，受到很好的評價，許多讀者告訴我，他們認為當中的論據有多重要，他們發覺此書對他們很有幫助。這對我來說是莫大的鼓勵，尤其當我正著手於進一步發展這方面的研究——我正撰寫一部篇幅更長的書，全書共分兩冊，我會於書中就同一論題有更詳盡細緻的討論。(編按：書名暫定為 'Jesus and the Identity of God: Jewish Monotheism and New Testament'，尚未出版。)

深願中文讀者也會認為手中這本書對他們有所裨益。尤其是書中所建構的框架，希望這框架能幫助讀者明瞭新約中許多有關耶穌與神的關係的紛繁陳述。對於那些跟據新約基督論的現代學術研究的普遍趨勢來閱讀這些關於基督論的陳述，並逐漸以此為習慣的讀者來說，我的論據無疑是提供了一種典範轉移。如果我是對的話，那麼，這典範轉移便十分重要，其影響不獨在於新約研究，更及於基督教神學和信仰。

理察·包衡

(Richard Bauckham)

二〇〇二年五月

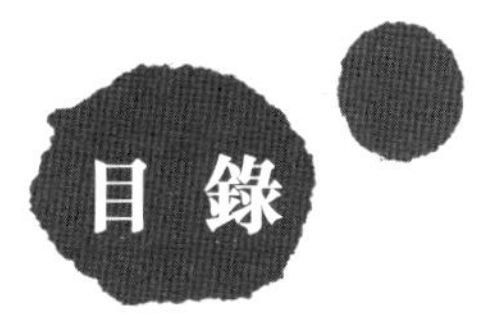
目 錄

前言

一九九六年十月我到曼徹斯特城迪斯貝利區(Didsbury, Manchester)的英屬羣島拿撒勒學院(British Isles Nazarene College)，主講「一九九六年迪斯貝利講座」(1996 Didsbury Lectures)，本書即輯錄自這次講座。我把內容略作修改，又加上註腳；四次講座的講稿共四篇，因為第三和第四講的論點是連續的，我把它們結合起來，成為此書的第三章。

我將出版另一本論點更為全面、暫且名為「耶穌與神的本體：猶太獨一神論[1]與新約基督論」('Jesus and the Identity of God: Jewish Monotheism and New Testament Christology')的書，而本書便是其精簡版本。在這兩本書中，我建議從猶太人的處境來理解新約基督論。我順應現時在學術討論中，有關第二聖殿時期猶太獨一神論性質的探討，並以嘗試為早期基督論尋找猶太根源作為起點，我想指出，近期一個嚴重錯誤的趨勢，就是試圖從早期猶太教一些半神性的居間形體(semi-divine intermediary figures)中找出一個基督論的模式。我認為，當我們思想以色列之神的本體類別時——我們應求問「神是誰」(who God is)多於「神明是甚麼」(what divinity is)——早期猶太教已經有清楚和一貫的途徑，來表達那位獨一真神的獨特本體，並把祂從其他的實有中分別出來。當我們以這種猶太神學的視野來解讀新約基督論，就清楚地看見，打從基督復活後最早出現有關基督的論述以來，早期教會的基督徒便既準確又毫不含糊地，明白到耶穌是包含在以色列獨一真神的獨特本體內的。他們運用猶太獨一神論對神的獨特本體的界定，去理解耶穌的獨特本體。他們不需要與猶太獨一神論分道揚鑣來達到目的，因為正如第二聖殿時期猶太教的了解，他們知道，獨一神論在結構上已給予基督論式獨一神論 (christological monotheism) 有發展的空間，這點均反映在新約的文本中。

最早期的基督論已經是最高階的基督論，我稱之為神性本體基督論 (Christology of divine identity)。它超越了「職能的」(functional) 和「本然的」(ontic) 基督論的標準界分，因為這種界分並不符合早期猶太人思考神的方式，它會嚴重地扭曲我們對新約基督論的了解。當我們以神性本體，而不是以猶太神學所拒絕採取的神的本質 (divine essence) 或本性(nature) 的角度思考問題，我們會看到耶穌行使那所謂神性的職能，其實是內在於神的本體的。這種神性本體基督論，不僅是教父在三一神學的背景下發展本體基督論 (ontological Christology) 的其中一個階段，它本身已是完全神性的基督論，表達了耶穌基督本屬於神獨特和永恆的本體之內。其實，教父們對它的發展所作的努力不多，遠不及把它移換至希臘哲學那種尋索事物本質與本性的思維框架內的努力。

耶穌包含於獨特的神性本體內，這理念不但影響我們理解耶穌是誰，也影響我們理解神是誰。這是此書下半部分的論點，在我那本篇幅較長的書中會有更完滿的闡述。當人認真地考慮這個論點時，他必然發現，耶穌是在受辱和升高及二者結合之中，啟示出神性本體——即神究竟是誰。在新約神學的表達形式上，我們也看到這個論點備受重視：不但先存的、升高的耶穌屬乎神獨特的本體；就是那在地上的、受苦的、受辱的和被釘的耶穌，也屬乎神獨特的本體。這種看法持續並貫徹了舊約和猶太人的神觀，但它更帶來創新的和出人意表的推演。耶穌的生平和祂在十字架上的事跡所揭示的神的本體，與祂升到榮耀裏所揭示的，都是同樣真實的。事實上，當教父們藉著尼西亞神學(Nicene Theology)的發展，成功地從新約中吸納這個「耶穌包含在獨特的神性本體內」的觀念時，他們並沒有把這種看法的推演成功地吸納過來：就是在耶穌人性生命和受苦中啟示出來的神性本體。我們若要看到新約基督論這種看法得到公允的對待，便得從馬丁路德所預示，並在二十世紀才成形的十架神學中才可看到。

大家將發現，我的論說不但交代了新約基督論的歷史背景、淵源和性質，它也會對我們如何評議教會的基督論的傳統和當代的建構性神學(constructive theology)產生特殊的意義。就此我只能在此書的結尾處略帶一提，我會在另一書中有更詳盡的闡述。

在這個精簡的版本中，我不單無法發展論據中某些重要的部分；我也未及詳細地研究經文與猶太獨一神論的其他詮釋、新約基督論、早期猶太人和早期基督教的重要文獻之間的互動細節，以便我能在現今的學術討論中充足地建立我的論點。那只有等待另一些更全面的研究。但很多讀者將不難發現，此版本經過刪除了過多詮釋細節和學術外衣後，更容易被人了解和吸收。我很高興有機會以此形式出版此書。但此書不會精簡到一個「通俗」而失諸大體的程度，主要的論點仍清楚可見。

我深感榮幸，能加入現今如此傑出的「迪斯貝利講座」講師陣容。我也高興能重返曼徹斯特城，我曾在曼徹斯特大學任教了十五年，直至一九九二年；我也在這裏認識了拿撒勒學院，並出席一九九七年的「迪斯貝利講座」。我要感謝學院，特別是教務長簡・保華博士(Dr Kent Brower)邀請我主講講座，並且在我逗留期間慷慨地款待我。這裏的職員、學生和出席講座的人士給我不少啟發和愉快的經歷。我也必須多謝聖安得烈大學的同事特雷弗・哈特(Trevor Hart)，從與他一席談話中，我獲得這次講座的靈感。此次談話亦促成了聖安得烈大學一個更大的計劃，如今得以落實。讀者也許意會到，此書的思想能具體化，是發展自多年有關早期猶太教、並新約的、歷史的和當代的基督論的研究。因此，此書可説是從很多書本和人物中受惠，當中包括了那些曾修讀我講授基督論課的學生。雖然我不能逐一致謝，而只能用這樣概括的方法表達謝意，但每當我凝視此書時，我總不禁心存感激地想起他們。

理察．包衡
聖安得烈大學
一九九八年五月

譯註：

1 Monotheism一般可譯作「一神論」，本文譯作「獨一神論」，目的是把它與Henotheism（專一／拜一神論）分別出來，以此貼近本書的第二以賽亞時期的背景。

譯按：

書中經文引用中文聖經和合本的翻譯，若遇未能對應之處，即按原書稍作更改，或引用其他中文聖經譯本，亦於行文中交代。

第一章

認識早期猶太獨一神論

近期有關早期猶太獨一神論與新約基督論的討論

本書要處理的主要問題，是猶太獨一神論與新約基督論兩者的關係；而前者是基督教緣起時，第二聖殿時期的猶太獨一神論。近期新約基督論的討論充分反映出，對早期基督論的特性和發展的爭論，主要圍繞著這兩者的關係。新約作者如何理解耶穌與神的關係？他們認為耶穌有多少神性？他們所認定耶穌的神性又是怎樣的神性？這些問題都與第二聖殿時期的猶太教如何理解神的獨特性甚有關係。當然，很多有關猶太獨一神論特性的假設常常豐富了新約基督論的現代詮釋，但在現今較新的討論中，進行得如火如荼的辯論卻特地針對這個時期的猶太一神論的本質。[1]有趣的是，大部分參與辯論的學者也正好關注它如何影響新約基督論的詮釋。他們嘗試作出了一些對照，從理解第二聖殿時期猶太獨一神論本質(或使用「獨一神論」一詞是否恰當)的不同觀點，與新約教會逐漸確認「耶穌是神」的過程和意義等類似的觀點之間，找出一些相互關係。

為了易於陳述，我們把這些觀點歸納為兩大進路。持第一個進路的學者認為，第二聖殿時期的猶太教持守「嚴格的」獨一神論，根本不容許人把真正的神性賦予在一神以外任何一位人物；因此，有些學者認為，既然在猶太教獨一神論的處境中，耶穌不被當作真神，我們便得與猶太獨一神論徹底決裂，才能確認祂真正的神性。[2]但鑒於早期教會的猶太色彩非常明顯，這個進路在解釋論證時，便傾向縮減範圍，直至所有看似真正的基督論都能在新約的文本內找到的地步。

第二個進路來自第二聖殿時期猶太教的修正觀點，它以某幾種方式揚棄「嚴格的」獨一神論的特性。這些觀點多以不同類型的居間形體（intermediary figures）作為焦點，例如天使長、被尊崇的人物、人格化的神性或職能（functions）等，一些具備附屬於神性或半神性狀態的實有。據說，這個時期的猶太教並沒有把一神與其他實有絕對地界分。這個觀點與早期基督論對它的猶太淵源及其相似性的研究甚有關係。這等學者常認為，很多新約經文確實反映耶穌具有某方面的神性，而且這些經文基本上是從猶太人的理念脈絡中衍生出來的。那麼，他們若要了解這種高階基督論如何在一個猶太運動中發展開去，便得專注在第二聖殿時期的猶太教內，那些某程度上分享神性的居間形體。這些形體一直為早期基督教提供一套適用於他們對耶穌神性地位作出揣測的猶太分類。正因為猶太獨一神論並非嚴格的，而是具有彈性的，加上居間形體使一神與其他實有的界分變得模糊，所以最高階的新約基督論便可被理解為一個清晰的猶太教的發展。[3]

在本書的首兩章中，我將採取一個有別於這兩個進路的觀點。我的觀點與第一個進路相似，第二聖殿時期的獨一神論確實是「嚴格」的。我認為，這時期的猶太人大多數都非常自覺地奉行獨一神論，亦以某些相當熟諳和已清晰界定的觀念來理解一神的獨特性。換言之，他們不但把一神與其他實有清楚地界分，而且這些界分常以遵循某些清楚列明的準則來進行。所謂居間形體，並非指一些含混不清、徘徊於神和受造物疆界的半神。有些形體被視為一神獨特的實有的表相，但毫無疑問大多數是受造物或已被尊崇的神僕。從不少文獻可見，要把它們從獨一神那真實的神性實相中清楚地分別出來，常常是一件吃力的事。因此，我的論點有別於第二個進路。我並不認為這些猶太的居間形體對早期基督論的研究有任何決定性的影響。我不否認它們當中有些會帶點相關性，但這種對居間形體的濃厚興趣正誤導我們，誤把它們視為我們了解早期基督論的猶太特性的關鍵。其實，猶太獨一神論與新約基督論兩者的連續性並非建立於居間形體之上。

我認為，高階基督論之可以在猶太獨一神主義的脈絡中被理解，並不在於把猶太教的半神性居間形體套用在耶穌身上，而是直接確認耶穌就是那位以色列的獨一真神，從而把耶穌包含在神的獨特本體之內。猶太獨一神論把一神與其他實有清楚地界分，但這樣的界分，並沒有阻礙早期教會把耶穌包含在這獨特的神性本體之內。這「包含」的舉動在猶太神學中是極度創新的發展，幾乎是前所未有的。可是，猶太獨一神論的特性，是它不會因為這發展而使自己放棄一直對神的獨一性的了解。我們所欠缺的，就是充份地理解「第二聖殿時期的猶太教如何了解神的獨一性」。我們若理解他們的想法，就能明白新約文本通常所做的，是運用猶太獨一神論把一神與其他實有界分的方式，把耶穌包含在這時期猶太教眼中所理解的一神獨特本體之內。

在我開展我的論點前，我想就猶太獨一神論和早期基督論之間討論的趨勢作出兩個批判。第一個批判是，在猶太人眼中甚麼才是「神性」——這個最根本和重要的問題，從來沒有給弄清楚。在有關猶太獨一神論是否「嚴格的」、與及所謂居間形體的地位等討論中，學者們流於將一大堆未經檢視的準則用來決定神與非神、神性與非神性的分界。[4]結果，連帶早期基督論認定耶穌的神性的真正涵意也變得非常模糊。有些（雖非所有）學者曾透過所謂半神或附屬於神性的居間形體而為早期基督論尋找猶太淵源，他們以為這種新約基督論的詮釋有助後來基督論的傳統，去確認耶穌基督真實的神性。其實，這種論調常常產生一些近似亞流主義中的基督：一些半神半人、既非完全的神、亦非完全的人的東西。整個有關猶太獨一神論和早期基督論的討論，正急需為猶太獨一神論如何理解神的獨特性作出澄清，並清楚地界定神與非神兩者的分別。

第二個批判是，因著對所謂居間形體的執迷，以為它能提供部分證明，啟導我們了解早期基督論，以致種種能證明第二聖殿時期猶太獨一神論特性的評估被扭曲。為了遷就一小撮仍具爭議性的證據，不少明顯的證據曾遭忽略。然而，無論居間形體是否具有神性，它們根本上不是第二聖殿時期猶太教的特性，也不應是研究這時期的焦點。反之，我們應首先研究那些更明顯的證據，藉以掌握這時期的猶太教如何理解神的獨特性，然後才以這些證據理解那些居間形體。

自覺地奉行獨一神論的第二聖殿時期猶太教

有很多理由讓我們相信，那些生活在第二聖殿時期、小心遵守律法的猶太人，是非常自覺地奉行獨一神論的。他們視對獨一的、以色列的神的敬拜和順服，能把他們從當代多神的宗教處境中分別出來。明顯的例證是他們常用的兩段經文。第一段是申命記六章4至6節的*Shema*‘(意即：聽啊！)：「以色列阿，你要聽！耶和華(YHWH)——我們神是獨一的主」，繼而是對這位獨一真神全然虔敬的要求：「你要盡心、盡性、盡力愛耶和華你的神。」另一段是十誡。首兩條誡命是要以色列人除了耶和華以外不可擁有或敬拜別的神(出二十2～6；申五6～10)。兩段經文均反映出這時期的猶太人是非常清楚地確認耶和華絕對的獨特性——祂是獨一的神。首先，所有忠心遵行妥拉(Torah；譯按：意為「訓誨」，即希伯來律法書)的猶太人每天早晚兩次都會誦讀*Shema*‘，因為這源自「訓誨」本身的吩咐。更有證據顯示，除妥拉之外，他們也誦讀十誡。因此，這些舉動每天不斷地提醒虔敬的猶太人，要專一順服於這位獨一的神。他們自覺地奉行獨一神論，並非出於理性的認知，而是出於信仰與實踐的結合，包括了對這位獨一的神專一的敬拜和順服。「對獨一神專一的信仰，必帶來對祂專一的敬拜（monolatry）」，這是猶太獨一神論一個重要的觀點。我稍後會再處理這個課題。

猶太獨一神論中神獨特的本體

當這種實踐性的獨一神論要求人透過對獨一神的專一依從，把日常生活與禮儀敬拜結合時，這就假設了神是可被人辨認的。神——作為以色列的神——不能只是當代希臘思想的主流中一個哲學性的抽象思維。在某程度上猶太人認識神是誰。以色列人的神是一位具有獨特本體的神。「神的本體」這個觀念是本書所有論點的核心。[5] 聖經中的神是有名字的，也有性情；祂行動，祂說話，祂與人交往，也聽人傾訴，在某程度上被人認識。以人的情格本體（personal identity）為類比（analogy），作為認識神的一個範疇，這正配合聖經和猶太人對神的理解。這種類比顯然與聖經和猶太文獻中對神所作文學性的描述一致。例如，在以色列歷史的敍述中，神扮演著故事中的一個角色，一如故事中人的角色般能被人辨認。正如亞伯拉罕和大衛一樣，神有一個情格本體。這並非說人性的類比是足夠的。所有聖經和猶太文獻，無論它們表面上看來是何等天真地使用神人同形論(anthropomorphic)來描述神，總會醒覺到神的超越性，並避免所用的語言和觀念把神曲解。但我們會見到，猶太人對神的理解既突破這些人性的類比，亦以人的情格本體的類比作為它的起始點。

我並非按照古典文獻的用法來使用「本體」(identity)一詞，但我的用法卻標示著那些我從古典文獻獲知的東西。當然，它與現代觀念中「本體」的涵意不盡相同，但它總與「神是誰」有關。如果我們把「神性本體」的觀念與「神性本質或本性」的觀念作對比，前者的意義便會顯露。「本體」所關注的是「神是誰」；「本性」關注的是「神是甚麼」或「神明是甚麼」。一直在某方面影響著新約以後基督教神學傳統的希臘哲學，以一套形而上的屬性，把神的本性定義為：不生(ingenerateness)、不滅(incorruptibility)、不變(immutability)等。我想說明，我並不認為聖經和猶太傳統完全不採用與神性本質有關的陳述，一些在第二聖殿時期晚期的猶太作者，就曾有意識地運用一些希臘的形而上語言。[6]即使是這些作者，他們也並非以神性本質的定義——即「神明是甚麼」——作為理解神的主要思維框架，卻是以神性本體的觀念去理解，其描述不是空談形而上的屬性。例如，「神是永恆」這一個猶太人所重視的神觀，是有關獨特的神性本體，多於「神性本質是甚麼」的宣稱：惟有神是創造並統治萬有的；神有恩典，有憐憫，有公義；祂帶領以色列人出埃及，也使他們成為祂的子民，並在西乃山上向他們頒布律法，諸如此類。如果我們想知道第二聖殿時期猶太教如何理解神的獨特性所含蘊的意義，並那些把神從其他實有(包括外邦人所敬拜的神靈)中分別出來的原則，我們必須找出他們描述神獨特的神性本體的方法，而不是只著眼於神性本質的定義。

描述神獨特本體的特性

為了方便起見，我會將確認以色列之神的方法特點分為兩類。第一類人認為要在神與以色列的交往中認識祂，另一類人認為要在神與所有真實事物的交往中認識祂。當然，這兩類並非毫不相干，但這種界分有助我的論證。對於以色列來説，神啟示祂自己，並讓人從祂的名字——耶和華——認識祂，這個名字在第二聖殿時期的猶太人當中是極其重要的，因為神的命名正好表達出祂獨特的本體。除了名字之外，以色列亦從神在歷史上的作為的敍述，以及祂性情的顯露中認識祂。很多希伯來文聖經的經文均確認，耶和華是那位帶領以色列人出埃及的神，又以種種不平凡的事件為自己建立屬於祂的子民(例如，出二十2；申四32～39；賽四十三15～17)。除了從神的活動中認識祂之外，神也藉自我啟示向摩西顯現自己的性情：「……耶和華、耶和華是有憐憫、有恩典的神，不輕易發怒，並有豐盛的慈愛和誠實……」(出三十四6；並在其他聖經文獻及晚期猶太文獻中都不斷有相呼應的經文)[7]。神的行動和有關祂性情的描述，兩者都一同指說那獨一者一致的本體，就是那位向祂的子民懷著好意，並樂意讓人尋求祂的神。透過祂的行動和性情的一致性，那位稱為耶和華的獨一者向人顯示出，祂是「獨一」(one)而且是「同一」(same)的神。

除了透過神與以色列人的立約關係之外，從神與所有真實事物獨特的關係中，我們也可以認識祂，特別因為祂是萬有的創造者和滿有主權的主宰。值得注意的(因為在稍後的篇章中這觀點至為重要)是，這兩類描述一同產生一種意味深長的「以色列之終末性期待」(Israel's eschatological expectation)。將來，當神成就祂對以色列人的應許，向他們顯出祂至終就是那位從出埃及以來已被以色列人認識並憐憫人的神的時候，神同時亦向萬邦陳示祂的神性，以萬有的創造者和主宰的身分施行主權，建立祂普世的國度，讓祂自己的名號被普世的人所認識，正如以色列人認識祂一樣。將來的「新出埃及事件」，特別是我們稱為第二以賽亞(Deutero-Isaiah)的那些預言(賽四十～五十五章)，將會是一件對普世同樣有意義的事，因為那帶領以色列人出埃及的神也是那位萬有的創造者和主宰。

現在，我們暫且放下第一類確認神的方法特點。雖然對於猶太人如何理解神，它的重要性是不容忽視的，我會在稍後的篇章中再處理它。但我們如今要專注於那些指向神與普世關係的描述獨特神性本體的方法，因為在第二聖殿時期猶太教的文獻中，每當猶太人想到確認神的獨特性時，他們總專注於這方面的特徵。我們所關心的問題，例如「第二聖殿時期的猶太教認為獨一神的獨特性所指何事」、「甚麼原則把神從其他實有，包括從外邦人所敬拜的神靈中，分別出來」，都可從多采多姿的第二聖殿時期猶太教文獻中不斷地找到答案，那答案就是惟有耶和華——以色列之神——是萬有的獨一創造者，[8]也是萬有的獨一主宰。[9]雖然單憑這些特徵我們**不足以**確認神的本體（如它們並沒有提及神的美善或公義），但它們卻能把神從其他實有中絕然地分別出來：惟獨神創造萬有，所有其他的事物，包括外邦人當作神明般敬拜的存有，都是祂所創造的；惟獨神統管萬有，所有其他的事物，包括外邦人當作神明般敬拜的存有，都在祂統管之下。這些分辨的方法為神的獨特性立下定義，容易為人所領悟。在每一所猶太會堂裏，每個第二聖殿時期的猶太人，必定已經對此耳熟能詳。無論猶太教在別的事情上意見何等分歧，有一點卻是一致認同的：以色列之神是配得敬拜的，因為祂是萬有的獨一創造者和獨一主宰；根據這些準則，其他被視為神性的存有都是被造物和被神所管轄的。

希伯來人的聖經一直從「神是創造者和歷史的主宰」

的角度來強調神的獨特性，這方面以第二以賽亞維護神獨有的神性尤甚。這些確認是一種盼望的基礎，是人對神在世界末了時顯示祂的獨有的神性的盼望。我們在此書將不斷地論及第二以賽亞的內容。那些記錄在妥拉篇章範圍以外的以賽亞文獻，是第二聖殿時期的猶太獨一神論的重要資料。第二以賽亞對神獨特性的表達在後期的猶太文獻中不斷產生迴響：上主是神，在祂以外別無他神[10]曾創造並統管萬有。這些主題從第二以賽亞起始，一直貫串著整個第二聖殿時期的文獻。

這兩個有關神本體獨特性的面向都表達了神超乎萬有之上，兩者恆常在文獻中連結在一起。但有一點對這個講座的議論非常重要的，那也是這兩個面向的分別所在。神在創造中獨自行事，「我……是獨自鋪張諸天，鋪開大地的。」(賽四十四24) 神作為那獨一的永活者(第二聖殿時期另一個對神常有的描寫)[11]單獨地賜萬物生命。神沒有謀士、助手或僕人去幫助或執行祂的創造大工。[12]神獨自創造，在此行動中別無他者。對第二聖殿時期的猶太教來說，這已是一個自明的公理了。

神藉著統管宇宙和歷史的主權，祂使用僕人，尤其是無數的天使。此處神以一位大君王的形像，以宇宙作為祂的王國般統管，也像一位地上的君王一樣，使用無數的僕人，按祂的意旨行事。在這意義底下，那些實踐神主權的活動是重要的。但猶太人所以強調神絕對主權的獨特性，是因為天使也不過被視為謙卑地履行神旨意的僕人。他們沒有分擔神的統治，他們只是服事。當神坐在祂的寶座時，就算是最大的天使也要肅立如僕人，靜候神的命令。[13]神至高無上，人常以至高這強烈有力的意象言說祂。神的大寶座立於至高之天上，在眾天之上被高舉，[14]神在其上統管宇宙，眾榮耀的天使在眾天之上高歌讚美，並執行祂的旨意。就算是至高的天使、神國度的使者，都不能踏足這至高和巍然的寶座上，[15]這寶座正聳立於宇宙之頂峯。

所以，創造事件否定了其他存有在神至高統管萬有的事上有任何的參與。它全然否定了這些實有在創造中扮演的任何角色；他們在神統管宇宙的主權裏像僕人般順服。這一切正排除任何把他們解釋為共治者(co-ruler)的可能。

在對耶和華專一的敬拜中承認祂獨特的本體

我們順應著這兩個確認神獨特本體的大原則，為神獨特的本體設立一個記號。這個記號在猶太獨一神論扮演著一個既不同、又核心的角色，它就是對神專一的敬拜。在宗教實踐中，它無疑是能把神與其他實有的分別清楚地表示出來的因素：[16]只有神配受敬拜，沒有其他存有能配受敬拜。[17]第二聖殿時期猶太人對一切敬拜人或敬拜其他視之為神的存有的行為甚為顧忌，由此可見，他們非常關切神的獨特性。[18]猶太人專一地敬拜神，與非猶太人清楚地分辨出來，是因為後者雖然也相信和敬拜一位至高之神(high god)，但他們並不覺得同時敬拜一些次等的神明(lesser divinities)會有甚麼不可兼容之處。[19]

近來一些議論傾向一種立場，認為專一的敬拜是第二聖殿時期的猶太教對神獨特性的一個界定元素。[20]我認為這個見解有混淆不清之處，因為對以色列之神專一的敬拜正是對神獨特本體的一種**承認**和**回應**。神是獨特的，因此也要求我們只敬拜祂一位。敬拜其他存有是不宜的，因為這些存有在神獨特的本體內並沒有位置。敬拜神，不敬拜其他存有，就是認定神與其他實有的絕然分別。

猶太人與那些相信一位至高之神的人在宗教實踐上的分別，其實與不同觀點的獨一神論息息相關。典型的希臘觀點是，敬拜是一個關乎「程度」的事，因為神明也只在程度上有別。比較次等的神明亦宜備受某程度上的敬奉。哲學性的獨一神論者認為，所有神性的存有至終都源於那獨一者(the One)，不過次等的神明就需按它所獲得的神性程度，才在敬拜儀式上得到應有的敬奉。從那獨一者一直向下延伸至天體間的諸神，並大氣和地球上的半神靈(daemon)，直到那些被封為神聖的人當中，這些層級的觀念或神明譜系的觀念，在所有非猶太宗教和宗教思想中十分普遍，並且與多神宗教的敬拜儀式不可分割，保存了神明的多樣性。猶太人視對神專一的敬拜為一件正當和必須的事宜，因為耶和華獨特的本體被理解為神在一個絕然獨特的範疇內、世上沒有一件事物可以相比，而非在眾神明的層級之頂尖。敬拜就是肯定神的不可比擬性，也是對萬有的獨一創造者和主宰的自我啟示之回應。

因此，第二聖殿時期猶太教對神的專一敬拜並非對神的獨特性欠缺清晰概念的替代品。專一敬拜乃是認識神獨特本體的必然結果，專一敬拜被小心翼翼地界分就是要顯出神與其他實有的絕然分別。專一敬拜的要求與描述神獨特本體的共通方法兩者是互為影響的。一方面，當我們說不應敬拜神以外任何存有時，意即這些存有都是受造物，是履行神旨意的使者，而非獨立於神以外的一個美善之源。[21]換言之，它們沒有參與在萬有的獨一創造者和主宰的本體裏，因此它們並不配受我們用以確認神獨特性的敬拜。

另一方面，正當一些希臘哲學論及一位至高無上的神，祂是萬物之源、統管萬有之主，頗符合猶太人獨一神論的思想時，[22]一些猶太作家便借用了這些希臘哲學的語言。在這情況下，對神獨特性的定義在形式上可能與希臘哲學相似，但當猶太人宣稱這位神要求人專一地敬拜時，這宣稱便把獨一神與其他實有之別的重要性推至極點。非猶太思想傾向把神的獨特性融入一套思維的方式，就是：至高神乃是神明層級之首，或神明譜系之根源。但猶太思想卻傾向強調神與其他事物的分野，這個分野成為猶太人世界觀的主導特性。「獨一的神要求人專一地敬拜祂」這個根深蒂固的猶太意識，便是兩者分別的重要關鍵所在。

猶太獨一神論與「居間」形體

這時期的猶太人，很容易並慣常地在神與其他實有之間劃清界線。這方面的證據，若比起那些辯稱是居間形體把此界線模糊化的少量證據，還是多得很的。從方法論來說，我們有必要從第二聖殿時期清晰一致的獨一神論觀點來著手研究，進而處理一些有關居間形體的含糊證據。但一些問題仍有待解答：據第二聖殿時期的猶太文本慣於把神與其他實有分辨的原則，這些形體是屬乎神的獨特身分，還是在祂以外？它們是否內在於神獨特身分裏？還是無論被如何尊崇，它們仍是被造之物和神的僕人？我們所運用的準則，也正是這時期的猶太人賴以分辨神獨特性的準則。在此準則之外，他們沒有運用其他準則。一旦這些準則被使用，幾乎我所問的每一個問題都可以有答案。換言之，一些形體確實毫不含糊地被視為內在於神獨特的本體之內。另一些形體則在神本體以外。可惜，在這裏沒有太多空間進行應有的討論，並仔細查閱有關的文本。我們現在所能做的，只是把論點概括地勾劃出來。

我們可以清楚地分辨出兩類居間形體。第一類是常被稱為天使長和被高舉的族長。[23]他們是天使和人的形體，在神統管世界的事情上扮演著重要的角色。他若不是高級的天使——如在昆蘭文獻（Qumran literature）中的米迦勒——便是《亞伯拉罕啟示錄》（*Apocalypse of Abraham*）中的耶昊（Yahoel）；或悲劇作家以西結（Ezekiel the Tragedian）作品中的摩西等人物，或《以諾比喻》（*Parables of Enoch*）中的人子（如果認同此作品把被提升天的以諾看為人子的想法是正確的話）。第二類的居間形體包括了神外顯表現被情格化（personifications）或位格化（hypostatizations）的形體，例如祂的靈（his Spirit），祂的道（his Word）和祂的智慧（his Wisdom）。（因為它與早期基督論有關，我會把現時的討論限定在道〔Word〕和智慧〔Wisdom〕的範圍內）。我認為，猶太文獻毫不含糊地把第一類的居間形體排拒於神獨特本體之外，亦同樣毫不含糊地把第二類的形體包含在祂本體之內。

「居間」形體：天使長和被高舉的族長

根據我們的準則，猶太文獻沒有一處認為天使長和被高舉的族長曾參與創造。他們顯然是受造之物。[24]當論及神的主權覆蓋宇宙時，第二聖殿時期的猶太文獻確實構想了一小撮地位崇高的天使。[25]他們組成一個好像國家部長議會的機關，每個天使均在這宇宙的神性統治中各自管治所屬的範疇。[26]這境像曾被學術上不少的論説所扭曲，認為猶太文獻擬想一位獨特的天使長

(雖然這位天使長在不同文本中有不同的身分),他類似一位內閣總理或掌管全權的大使,受神所託管治全宇宙。[27]我認為這樣一個形體只出現在少數的文本之中,[28]若不小心閱讀便會錯誤地製造了這樣的形體。例如,一些作品曾顯示,以色列的守護神,天使長米迦勒被列為眾天使長之首。[29]米迦勒的地位與神統管全地時賦予以色列的優越地位相似。但這並不表示米迦勒負責管理所有天使的工作,舉例來說,沒有任何東西暗示那掌管大自然運作(地上其中一個極其重要的天使行動)的天使是服在米迦勒的管治權勢下的。米迦勒在地位上確比其他天使長高,但他並沒有跨越至其他天使長管治領域的權力。所以,將這認為有位地位僅次於神的天國總督協助管理宇宙的想法視為猶太宇宙觀的標準觀念,是全屬虛構的說法。我們應把這種聲稱為基督論之先例的說法拋諸腦後。

這些至高的天使服事神,但不會參與神的管治。在眾多的觀念中,有兩點可以把它說明。首先,他們從未與神同坐在寶座上。同坐寶座是一些猶太作家在描繪天國情形的作品中,用於神的共治者或副手身上的象徵。相反地,這些天使卻以僕人的姿態站立於神的左右。[30]其次,這些天使不但從未受人敬拜,他們更明確地拒絕人的敬拜。一系列被人定型成為文學傳統的文獻,正描述這些天使拒絕人的敬拜,並清楚地把這些自稱是神的僕人的至高天使與神分別開來。[31]這些文獻清楚地運用「主權」和「敬拜」的準則，來為那掌管萬有且當受敬拜的神，與那只作為神的僕人而不應受敬拜的天上榮耀的存有劃清界線。

但在此卻有一個例外可以說明這個準則。在《以諾比喻》中，人子將在世界終末審判之日，被神安放在祂自己的寶座上，替神施行審判，[32]人子亦會受人敬拜。[33]這是單一的例子，說明了天使或被高舉的族長被包含在神本體內：他參與那獨特的神性主權，因此當人承認他履行這種神性主權時，他獲得人對他的敬拜。但這樣被包含在神聖本體內是不完全的，因為他無份於創造的工作，在審判之前，亦無份於神的主權，他的被包含仍是模糊不清的。這是惟一模糊不清的個案，雖然如此，但這個案反而對比出其他個案中沒有任何讓第二聖殿時期猶太人認為有其他天上的形體能分享神的本體的準則。[34]

「居間」形體：情格化或位格化的神性外顯表現(divine aspects)

第二類居間形體是神性外顯表現被情格化或位格化的形體，衡量準則與上述居間形體的一樣，但結果卻迥異。神的「道」與神的「智慧」一同參與創造的工作，在此工作中有時兩者扮演著各自不同的角色，[35]有時卻可互相替換。[36]有關文獻清楚說明，他們並沒有違反典型獨一神論的堅持，就是：神創造，並**不需要任何事**

物的輔助。[37]《以諾二書》(*2 Enoch*) 33:4與第二以賽亞(賽四十13) [38]互相呼應地說，神在創造工作上沒有謀士，但智慧卻是祂的謀士。意即在神生命以外，並沒有謀士，祂的智慧並非身外之物，卻是內蘊在祂自己的生命裏，作祂的謀士。同樣地，智慧被描繪為與神同坐在寶座上，以王的謀士或顧問的身分，參於施行王權(《以諾一書》(*1 Enoch*) 84：2～3；《智慧書》(Wis.) 9：4、10)。在這裏，猶太文學一直禁止把一些形像運用於任何神的天僕身上，但這形像如今卻運用在智慧上。這無損於神與其他實有之間的界分，因為這些符號精確地把智慧包含在那位在寶座上統管宇宙的神的本體內。一般來說，在猶太文獻中，神的道和智慧的情格化，以及對崇高天使的描述，兩者是不能相提並論的。情格化是源自內在於神自己的智慧和道，亦即是神本體的外顯表現。它們以不同方式**表達**神，並表達神在與世界交往的關係中所作的心思和意念。它們並非受造之物，也不是介乎神與其他實有之間、一個模糊狀態內的一些半神性實體，它們是屬於獨特的神性本體之內的。

我的結論一如猶太獨一神論的理解：神的道和神的智慧含蘊在神性本體之內。但這說法並沒有解決一個問題，就是：在猶太文獻中，這些被情格化的形體究竟純粹是一種文學的表達，還是一些具有與別不同的存在形式的實有？我認為後者至少可在一些關於智慧的文本內找到好的論據支持(例如：《智慧書》7：22～

8：1）。但這並非把智慧看成獨一神身分以外一個附屬的神性存有。這些猶太作家看到，在獨一神的獨特本體之內，有著某種形式的分別性。若是如此，他們便不是放棄或以任何方式犧牲他們的獨一神論。第二聖殿時期的猶太人對獨特神性本體的理解並沒有將它定為一種一元（unitariness）的神觀，也沒有使神性本體內的分別性變得不可理解。它只是以其他的方式，說明了神與其他實有之間絕對清晰的分別。應用於這個情形中，就是毫不含糊地把神的智慧含蘊在神性本體之內。

註釋：

1 請參考Hurtado寶貴的研究：L. W. Hurtado, 'What Do We Mean by "First-Century Jewish Monotheism"?'，載 *SBLSP* 1993, 348～354。

2 A. E. Harvey, *Jesus and the Constraints of History* (London: Duckworth, 1982) chapter 7; P. M. Casey, *From Jewish Prophet to Gentile God* (Cambridge: J. Clarke; Louisville: Westminster/John Knox, 1991)；同一作者，'The Deification of Jesus'，載 *SBLSP* 1994, 697～714。

3 C. Rowland, *The Open Heaven* (London: SPCK, 1982), pp. 94～113; A. Chester, 'Jewish Messianic Expectations and Mediatorial Figures and Pauline Christology'，收於 M. Hengel and U. Heckel ed., *Paulus und antike Judentum* (WUNT 58; Tübingen: Mohr [Siebeck], 1991), pp. 17～89; M. Barker, *The Great Angel: A Study of Israel's Second God* (London: SPCK, 1992); C. A. Gieschen, *Angelomorphic Christology* (AGJU 42; Leiden: Brill, 1998)。有關猶太居間形體對基督論發展的重要性，請參考M. Hengel, *The Son of God* (tr. J. Bowden; London: SCM Press, 1976); J. D. G, Dunn,

Christology in the Making (London: SCM Press, 1980)；同一作者，'Was Christianity a Monotheistic Faith from the Beginning?', *SJT* 35 (1982), pp. 303～336; 同一作者，'The Making of Christology: Evolution or Unfolding?'，收於 J. B. Green and M. Turner ed., *Jesus of Nazareth: Lord and Christ* (I. H. Marshall FS; Grand Rapids: Eerdmans; Carlisle: Paternoster, 1994), pp. 437～452; L. W. Hurtado, *One God, One Lord: Early Christian Devotion and Ancient Jewish Monotheism* (Philadelphia: Fortress, 1988)。

4 若想對這個討論有一個清楚的理解，可以從Gieschen的*Angelomorphic Christology*，頁31～33中一個「神明的準則」('criteria of divinity')的清單開始。不過我會把它作某程度的縮減和改動。

5 關於我在此處所用的本體(identity)的觀念，可參H. W. Frei, *The Identity of Jesus Christ* (Philadelphia: Fortress Press, 1975); 同一作者，'Theological Reflections on the Accounts of Jesus' Death and Resurrection'，收於 *Theology and Narrative: Selected Essays* (ed. G. Hunsinger and W. C. Placher; New York/ Oxford: Oxford University Press, 1993), pp. 45～93; D. Patrick, *The Rendering of God in the Old Testament* (Philadelphia: Fortress, 1981); R. W. Jenson, *The Triune Identity* (Philadelphia: Fortress, 1982); R. F. Thiemann, *Revelation and Theology: The Gospel as Narrated Promise* (Notre Dame, Indiana: University of Notre Dame Press, 1985), chapters 6～7; R. A. Krieg, *Story-Shaped Christology: Identifying Jesus Christ* (New York: Paulist Press, 1988), chapter 1; K. J. Vanhoozer, 'Does the Trinity Belong in a Theology of Religions？On Angling in the Rubicon and the "Identity" of God'，收於 K. J. Vanhoozer ed., *The Trinity in a Pluralistic Age* (Grand Rapids: Eerdmans, 1997), pp. 41～71。正如Vanhoozer說：「當然，『本體』(Identity)這個字有幾個意義：數值上的『一』(numeric oneness)；本體論上的『同一』(ontological sameness)；或時間意義上的恆久性(permanence in time)，或自我延展的情格本體(the personal identity of self-continuity)(頁47)。而我採用的正是最後這一個意義。當我們言及上帝的情格本體時，我們便會以類比的方式言及人的情格本體，不是理解祂為一個無個性的、本體論意義上的主體，而是理解祂的個性和個人故事(後者能開出關係)。這就是我們常以『那就是他了』(who someone is) 來指明某人的意思。」

6 例如，Josephus, *Ant.* 1.15, 19; 8.107；*C. Ap.* 2.167～168。

7 民十四18；尼九17；詩一〇三8；珥二13；拿四2；Sir. 2:11; *Pr. Man.* 7; *4 Ezra* 7:132~140; *Jos. Asen.* 11:10; 1QH 11:29~30。

8 賽四十26、28，四十二5，四十四24，四十五12、18，四十八13，五十一16；尼九6；何十三4（七十士譯本）；2 Macc. 1:24; Sir. 43:33; Bel 5; *Jub.* 12:3～5; *Sib. Or.* 3:20～35; 8:375～376; Frag. 1:5～6; Frag. 5; *2 Enoch* 47:3～4; 66:4; *Apoc. Abr.* 7:10; *Pseudo-Sophocles; Jos. Asen.* 12:1～2; *T. Job* 2:4。

9 但四34～35；Bel 5; Add. Est. 13:9～11; 16:18, 21; 3 Macc. 2:2～3; 6:2; Wis. 12:13; Sir. 18:1～3; *Sib. Or.* 3:10, 19; Frag. 1:7, 15, 17,35; *1 Enoch* 9:5; 84:3; *2 Enoch* 33:7; *2 Bar.* 54:13; Josephus, *Ant.* 1:155～156。

10 這個單一神論的公式在希伯來聖經和第二聖殿時期的猶太文學經常出現：申四35、36；三十二39；撒上二2；撒下七22；賽四十三11，四十四6，四十五5、6、14、18、21、22，四十六9；何十三4；珥二27；Wis. 12:13; Jdt. 8:20; 9:14; Bel 41; Sir. 24:24; 36:5; 4Q504 [4QDibHam[a]] 5:9; 1Q35 1:6; *Bar.* 3:36; *2 Enoch* 33:8; 36:1; 47:3; *Sib. Or.* 3:629, 760; 8:377; *T. Abr.* A8:7; *Orphica* 16; Philo, *Leg. All.* 3.4, 82。

11 Tob. 13:1; Sir. 18:1; 2 Macc. 1:25; *T. Mos.* 10:7; *1 Enoch* 5:1.

12 賽四十四24；*2 Enoch* 33:4; *4 Ezra* 3:4; Josephus, *C. Ap.* 2.192。甚至腓羅對創一26的釋經（*De Opif. Mundi* 72～75; *De Conf. Ling.* 179）也只不個是對這個否定作出些微的修飾：他堅持神除了在創造人類之外，祂在創造萬有時，祂是單獨行事的。他也堅持在創一26中的眾數牽涉到一些附屬於神的同工，以致當人的好行為時便會歸功神，以神為這些好行為的本源，而罪惡便不能如此。

13 但七10；Tob. 12:15; 4Q530 2.18; *1 Enoch* 14:22; 39:12; 40:1; 47:3; 60:2; *2 Enoch* 21:1; *Qu. Ezra* A26, 30; *2 Bar.* 21:6; 48:10; *4 Ezra* 8:21; *T. Abr.* A7:11; 8:1～4; 9:7～8; *T. Adam* 2:9。

14 賽五十七15；3 Macc. 2:2; *4 Ezra* 8:20-21; *2 Enoch* 20:3J。

15 例如：*1 Enoch* 14:18～22。

16 R. Bauckham, 'Jesus, Worship of', *ABD* 3. 816（「猶太教以對神專一敬拜的要求在羅馬世界的諸宗教中算為獨特。若說猶太獨一神論是由第一誡和第二誡所定義也不為過。」）；同一作者，*The Climax of Prophecy: Studies on the Book of Revelation* (Edinburgh: T. & T. Clark, 1993), p. 118；同一作者，*The Theology of the Book of Revelation* (Cambridge: Cambridge University Press, 1993), pp. 58～59。

17 有關猶太人敬拜天使的證據很少，可參考L. Stuckenbruck, *Angel Veneration and Christology* (WUNT 2/70; Tübingen: Mohr [Siebeck], 1995), pp. 45～203; C. E. Arnold, *The Colossian Syncretism* (Grand Rapids: Baker Books, 1996), pp. 32～89。雖然只有少量邊緣的例子證明有敬拜天使的事，並且有大量的證據證明有人以巫術行為向天使禱告，但究竟是否有很多猶太人會以敬拜神相同的程度來敬拜天使，這是值得懷疑的。我們不應把敬拜和間歇性地向天使禱告兩件事混為一談。

18 Add. Est. 13:12～14; Philo, *Leg. Gai.* 116; 參徒十25～26。

19 參J. M. G. Barclay, *Jews in the Mediterranean Diaspora from Alexander to Trajan (323 BCE～117 CE)* (Edinburgh: T. & T. Clark, 1996), pp.429～434。

20 參Hurtado, 'What Do We Mean', pp. 348～368。這篇文章比他早年的著作*One God*更願意嘗試賦予敬拜在猶太獨一神論的定義上一個重要角色。在我的文章R. Bauckham, 'Jesus, Worship of', *ABD* 3. 816中，我便傾向他的觀點：「猶太教以對神專一敬拜的要求在羅馬世界的諸宗教中算為獨特。若說猶太獨一神論是由第一誡和第二誡所定義也不為過。」

21 例如，Josephus, *Ant.* 1.155～156; *2 Enoch* 66:4～5[J]; *Sib. Or.* 3:20～35。

22 例如，見Pseudo-Aristotelian 的文集 *De Mundo* 中的神論，撮錄於R. M. Grant, *Gods and the One God* (London: SPCK, 1986)，頁78～79的摘要。

23 Hurtado, *One God,* p. 17.

24 有關被造的天使，參*Jub.* 2:2; *Bib. Ant.* 60:2; 2 *Bar.* 21:6; *2 Enoch* 29:3; 33:7。

25 *1 Enoch* 20:1～8; Tob. 12:15; 啟八2記載有七組天使；*1 Enoch* 9:1; 10:1～11; 40:3～10; 54:6; 71:8～9; 1QM 9:15～16; *Apoc. Mos* 40:3 記載有四組天使。

26 例如，*1 Enoch* 20:2～8; 40:9。

27 例如，A. F. Segel, *Two Powers in Heaven* (SJLA 25; Leiden: Brill, 1977), pp.186～200; Hurtado, *One God*, pp.71～82; P. Hayman, 'Monotheism: A Misused Word in Jewish Studies?', *JJS* 42 (1991), 11; Barker, *The Great Angel*。

28 我只能在以下的情況找到神單一的副手的觀念，而這個觀念也曾為人特別考慮過的：在*Joseph and Aseneth* 中的大天使（可能是米迦勒）他在天上所扮演的角色是以埃及的約瑟為模範的（14：8～9；參創四十五8）；在昆蘭文獻（特別是1QS 3:15～4:1）中的真理的靈或光明王子（也被鑑定為米迦勒），他的角色具備昆蘭二元論的特性；在斐羅中的洛各斯（Logos），這是斐羅以各種各樣的哲學和神學理由設想出來的一個神與世界關係之間的一位中介者。而其他居間形體也只扮演有限的角色。

29 *1 Enoch* 40:9; 參 *T. Mos.* 10:1; 1QM 17:7～8。

30 Tob. 12:15; *T. Abr.* A7:11; 8:1～4; 9:7～8; 亦參路一19。

31 在猶太文獻中最清楚的例子是Tob. 12:16～22; *Apoc. Zeph.* 6:11～15; *3 Enoch* 16:1～5; *Cairo Genizab Hekhalot* A/2, 13～18，訴諸基督教文獻則是：啟十九10，二十二8～9; *Ascen. Isa.* 7:18～23; 8:1～10; *Apoc. Paul* [Coptic ending]; *Apocryphal Gos. Matt.* 3:3; 亦參 *2 Enoch* 1:4～8; *3 Enoch* 1:7; *Lad. Jac.* 3:3～5; *Jos. Asen.* 14:9～12; 15:11～12。可參R. Bauckham,'The Worship of Jesus in Apocalyptic Christianity', *NTS* 27(1980～81), 322～341;修訂版本見 *The Climax,* chapter 4;亦參L. T. Stuckenbruck, 'An Angelic Refusal of Worship: The Tradition

and Its Function in the Apocalypse of John',*SBLSP* 1994, 679～696；同一作者，*Angel Veneration*, pp.75～103。

32 *1 Enoch* 61:8; 62:2, 5; 69:27, 29; 參51:3。

33 四十六5；四十八5；六十二6, 9。這個敬拜不能只被理解為對在上政權屈服的表達。在這個背景下它可理解為對在萬有之上獨特神性主權的肯定。

34 另一個情形也常為人所傳誦：在悲劇作家以西結(Ezekiel the Tragedian)的希臘話劇*Exagoge* (68～69)中的摩西。我認為這段文字常被人誤解。摩西夢見自己取了神在宇宙之上的寶座。Raguel解釋這夢是摩西以作為以色列的王與先知為志業的一個象徵。神怎樣與宇宙交往，摩西也怎樣與以色列交往。以西結在他解釋出七1時說，摩西的神將會冊封摩西為神。雖然這個夢常直接描述這種情形(即神騰空祂宇宙的寶座，把摩西安定在其上)，但對這個夢的詮釋卻把它看為摩西在地上的角色的一種隱喻。正如創三十七9～10：約瑟夢見自己好像神接受各樣天體敬拜般接受敬拜，但這個夢的意義只是他的父母和兄弟向他下拜。

35 詩三十三9; *4 Ezra* 6:38; *2 Bar*. 56:3-4; *2 Enoch* 33:4。

36 關於智慧: 耶十12，五十一15；詩一○四24；箴三19，八30；Sir. 24:3b；Wis. 7:22; 8:4～6; 參1QH 9:7, 14, 20; Wis. 9:2。關於道：詩三十三6; Sir. 42:15; *Jub*. 12:4; *Sib. Or*. 3:20; *2 Bar*. 14:17; 21:4; 48:8; *4 Ezra* 6:38; *T. Abr*. A9:6; Wis. 9:1。

37 賽四十四24; 2 *Enoch* 33:4; 4 *Ezra* 3:4; Josephus, *C. Ap*. 2.192。

38 參Sir. 42:21; *1 Enoch* 14:22; Wis. 9:13, 17; 1QS 11:18～19。

第二章 新約中的基督論式獨一神論

神性本體基督論

在上一章，我扼要地分析了第二聖殿時期猶太獨一神論的本質，討論以色列之神獨特的本體這個範疇，能幫助我們準確地掌握那時期的猶太人對神的理解。我想說明，這時期的猶太教是普遍地、自覺地和嚴謹地奉行獨一神論的。他們有一套清楚的觀念，就是：神與其他實有之間有著一度絕然的分界；這觀念對他們的宗教實踐影響深遠。神性本體的獨特性有兩個特徵：獨一神是萬有的單一創造者；獨一神是萬有的單一主宰。這獨特的本體與專一是相關連的，敬奉獨一神的專一敬拜描述了獨一神的獨特性。在猶太傳統中，敬拜是對獨特的神性本體的肯定，所以敬拜必須歸予那創造和統管萬有的獨一者，而不能給予那些被獨一真神所創造和掌管的其他存有。最後，我也指出(雖然我沒有詳細的資料)，這時期的猶太文獻提及的居間形體，並不如經常被人質疑般的，會使猶太獨一神論所堅持的神與其他實有之間的界線變得模糊或被跨越。相反地，如果我們容讓文本呈現猶太教這個界分的原則(一如它們一向那樣)，我們將發現，幾乎毫無例外地，這些形體若非在神的獨特本體以外以致猶太人不能視它們擁有神性；就是屬於神的獨特本體之內，即內在於那獨一神的本體之內。天使長和被高舉的族長並沒有參與神獨特的創造工作，也沒有分享神的寶座、參與祂的掌管。它們只作為僕人般實行神的旨意，所以不配受敬拜。另一方面，神的道和智慧確實有份於神的創造和主權，所以屬於神獨特本體內。一旦我們了解猶太獨一神論界分神與其他實有的原則，我們便會發現，以上兩個情況都沒有令這個界分變得模糊。

這章將以這種對猶太獨一神論的理解為基礎，建立一個新約基督論的觀點。我一再聲明，因為牽涉的文獻太多，我的討論不可能涵蓋所有新約基督論重要文獻，而只能提供有關的論證。我會專注於鋪陳一個閱讀文本的方法，藉此能以新的角度全盤理解新約基督論的性質。在我的論證中，我所提議的猶太獨一神論會成為一個詮釋的關鍵，進而了解新約文本如何建立耶穌基督與猶太獨一神論的關係。透過新約文本，我們將清楚看到新約基督論欲置耶穌於神性本體之內的用意，正如猶太獨一神論所理解的一樣。這些作者透過準確地使用一些猶太獨一神論確認神性本體的獨特性之描述，刻意地和全面地達致這效果。他們把耶穌包含在神在萬有之上的獨特主權裏；他們把耶穌包含在神創造萬有的獨特工作裏；他們以獨特神性本體的名號冠諸耶穌身上，用以識別祂的身分；他們以敬拜的方式去描繪耶穌，對猶太獨一神論者而言，這不啻為肯定其包含於獨特神性本體內。他們由此發展出一種基督論式的獨一神論，既完全延續早期猶太獨一神論，在理解「耶穌基督內在於獨特之神的本體」的方式上又有所分別。

我將會討論的論點會叫那些熟悉新約基督論的人

驚訝不已，那就是：最高階的基督論（highest possible Christology），亦即耶穌包含於獨特的神性本體內，此觀念乃早期教會的核心信仰。這觀念早於新約著作成文之前已是教會的信仰核心，因為我們可從所有新約著作中找到這樣的基督論。雖然對「耶穌包含於獨特的神性本體」的領會曾經歷發展的過程，但將耶穌納入神聖本體那決定性一步早在基督論形成之始便已定下。這個論點的基要之處，乃確認此高階基督論與我們所勾劃的猶太獨一神論的理解完全相合。它或許看似新奇，但它不需要與第一代基督徒及猶太人視為公理並共同分享的獨一神論的信仰分道揚鑣。猶太獨一神論與高階基督論在某程度上存在著張力，此說乃是這個研究領域中常有的錯覺，我們應讓聖經文本去摒除這錯覺。新約的作者並不認為他們的猶太獨一神論傳統，會為包含耶穌在獨特神性本體一事帶來任何形式的阻礙。反之，他們正時常運用此傳統把耶穌包含在神性本體之內。這個做法更被視為成就了猶太獨一神論的終末盼望：獨一的神在祂統管萬有之時，將被全地所承認和讚頌。

正如我在第一章開始時所觀察到的，近年來人們為了使高階基督論可被理解為在不折不扣的猶太背景下發展出來的，一直集中以所謂居間形體作為高階基督論的前身或對比。他們相信，對於猶太獨一神論來說，直接地把耶穌與獨一神等同是不可能的。而各種具有含混性或半神性地位，並以從屬關係參與神性本體的居間形體，卻可在猶太獨一神論中開闢一些賦予耶穌神性素質和功能的空間。我認為這理念與真相恰恰相反。猶太獨一神論不能容納的，正是這些半神性形體、從屬的神明和藉委派或參與而有份的神明。猶太獨一神論與高階基督論能彼此兼容，關鍵的一步並非猶太獨一神論為含混不清的半神提供一個空間，而在於前者對獨一神的獨特本體的理解，這理解為耶穌包含在獨一神的本體之內預留空間。雖然這一步並無先例，但對於猶太獨一神論來說，這並非不可能。再者，這一步並非能一如以往般把基督論信仰逐步提升便能處理得了。例如，把耶穌放在神的天僕中最高層級位置，並不見得可以更容易將耶穌推高至與神同等的地步，因為仍需逾越神與其他實有之間的絕然分界，才可達至這結果。將耶穌包含在神獨特本體內的關鍵一步，並不是有先例可循、較不激進的一步。無論甚麼時候，這一步應為其自身，並以其創新性（*de novo*）的姿態踏出。若把這一步放在悠長的基督論發展過程的終點，它便變得不再為人所理解了。我認為，若這一步在基督論發展之始便已踏出，並作為日後所有基督論發展基礎的話，新約所提供的證據便給我們最好的解說。

被升高的耶穌分享神在萬有之上的獨特主權

在基督論形成之始，初期教會的基督徒認為耶穌死而復活後，已被神升為至高，如今坐在至高神的寶座上，所有的新約著作均假定並反映這種看法。在至高神的寶座上，耶穌與神同坐，行使或參與神在全宇宙之上的獨特主權。一個人現參與於治理萬有的獨特神性主權，此領會的決定性一步是史無前例的。在第二聖殿時期的猶太文獻中，天使長和被高舉的族長並不能作為先例。是這個極為激進的新見解開啟新約中其他有關主升為至高的基督論的。雖然這是一個新穎的見解，但其意義仍取決於初期教會的信徒相信這見解時，他們所身處的猶太獨一神論的概念脈絡。正因為「神在萬有之上的獨特主權」乃描述神獨特本體與其他實有之別的兩個主要特徵之一，承認耶穌在寶座上掌權，就是承認祂包含在獨特本體內；而且正如神一樣，耶穌與所有被高舉的天僕有絕然的分別。當我們繼續討論下去。將看到更多有關的證據。

早期基督論眼中的詩篇一百一十篇1節

正如當時其他猶太神學一樣，初期教會的基督教神學主要從解釋希伯來聖經而開展出來。創意釋經乃是首要的生存環境，初期教會的基督徒於當中成長，即使是他們的思想中最新穎的意念亦不例外，我們稍後會多加留意這方面。但現在要先提及這點，因為耶穌有份於獨特神性主權此觀念，乃是在參照一節舊約經文的鑰節（詩一一〇1）及與其有關經文的處境底下被理解的。詩一百一十篇1節（七十士譯本一〇九1）是新約常引用的舊約經文(被提及或引用共二十一次。除了約翰書信這值得注意的例外，它幾乎遍及大部分的新約著作)[1]。經文如此記載：

> 耶和華對我主說：
> 你坐在我的右邊，
> 等我使你的仇敵作你的腳凳。[2]

我們固然不一定要把這節經文的「我主」(彌賽亞)解作那坐在神性寶座並對全宇宙施行神性治權的人。舉例說，它可純粹被理解為：彌賽亞坐在榮耀之處，以一個被神喜悅的身分坐在神寶座旁，靜候神任命祂掌管全地。這是後來一些拉比的理解，[3]但初期教會對此顯然有不同的理解：那是把耶穌安放在神性寶座上，並施行神對全地的掌管。這種理解有時是基於與詩篇八篇6節一併閱讀所致：

> 祢讓他管理祢手所造的，
> 把一切都放在他腳下。[4]

(編按：經文與和合本稍有出入)

早期基督論與第二聖殿時期猶太文獻的信念和期望在這關鍵上互不相通，我們可從一個事實看到，就是：詩篇一百一十篇1節是一段常被新約所引用的舊約經文，但在整個第二聖殿時期的猶太教文獻中，卻只有一處可能是暗指這節經文，那是《約伯遺訓》(*Testament of Job* 33.3)，[5]而其應用亦與初期教會所重視的意義毫不相干。早期猶太教從未把這段經文應用於任何被尊崇高舉的天使或族長身上——無論今天或將來在天上他們如何重要。它也從未被早期猶太教引用在彌賽亞的身上，因為在早期猶太人的企望中，彌賽亞要作世上的統治者，他們從沒想過彌賽亞在天上統管宇宙。概括地以彌賽亞的角度詮釋(Messianic Interpretation)君王詩(Royal Psalms)，導致我們期待著第二聖殿時期的猶太人在解釋詩篇一百一十篇時，會把它應用在彌賽亞身上。猶太文獻對這節經文的忽略，明顯表示這對他們來說並不重要，但對初期教會來說，這節經文卻無比重要。其間的差異只反映了一個事實，初期教會藉此經文言說耶穌說明祂有份於高過萬有的獨特神性主權，但第二聖殿時期的猶太文獻並無意以此言說任何人。

我的論點是，對於身為猶太獨一神論者的初期信徒，耶穌被神高舉至祂寶座上的意義，只可以被理解為耶穌也包含在神獨特本體內。新約文獻顯示，他們完全察覺這種意義，而且故意運用猶太獨一神論的修辭和觀念，毫不含糊地說明耶穌包含在神本體內的事實。為了支持我這論點，以下我會陳述四個關於經文預示「耶穌被升為至高」的觀點。

耶穌的主權在「萬有」之上

首先，新約經常以高過萬有描述耶穌的崇高和主權。雖然新約學者常忽視這點，並且在個別的經文上，爭論當中所指「萬有」的範圍。這短語卻屬於猶太獨一神論的標準修辭，恆指所有被造的實有，而神作為其創造者及管治者，全然從中分別出來，這是自然平常的理解。[6] 可以說，若蒙神允許，祂的僕人可管理某些事物，一如地上的統治者，但只有神在萬有之上的寶座中統管一切。對於這個新約基督論常用的短語，[7]我們是不應原子論式地研究它。但我們應視其累積的影響為一個見證，見證著新約聖經慣常以猶太獨一神論為神獨特主權預留的術語，來顯示基督被升為至高或統治全地一事的特點。

耶穌分享神那超乎天使權能之上的至高尊榮

其次，許多新約經文均強調耶穌的崇高和主權超乎所有天使權能，間或運用猶太人那強而有力的高峯(height)意象。例如以弗所書一章20至22節：

> 〔神〕使祂〔基督〕從死裏復活，叫祂在天上坐在自己的右邊，遠超過一切執政的、掌權的、有能的、主治的，和一切有名的；不但是今世的，連來世的也都超過了。又將萬有都服在祂的腳下……

「遠超過」一詞引發了一個意象，那就是：巍然聳立在天上、至高之神的寶座(另參弗四10),高過那些在次一層的天上作為神僕的天使所擁有的治權。[8]耶穌並非被安置在天使形體的位置上,祂也不是一位被降級的天使。神性寶座上的耶穌與天使的權限的空間關係,正好與猶太人處理神性寶座與天使的權限在天國領域中的關係一致。要點是耶穌現在正分享神那超乎天使權能之上的至高榮耀與主權。在希伯來書一章那重要的基督論經文中,引用了七段經文並將它們排列起來,用以說明詩篇一百一十篇1節所包含的意思,這一組七段的經文總結出:耶穌升高至神右邊的重要性,經證明祂超越一切天使而被闡明。這種超越性既是空間上的高峯意象(一3~4),也可理解為一種性質上的分別。該段經文稱這等天使充其量是神的僕人,但基督卻坐在寶座上,有份於神的治權,因此天使亦受祂差遣(一7~9、13~14)。我的目的並非挑起反對天使或「天使基督論」(angel Christology)的論戰。對於所有猶太讀者來說,天使之說毫無爭議性。在這段經文中,天使的功用是幫助我們定下獨一神的神學定義,替猶太獨一神論所堅持的神(惟一的至高管治者)與其他實有之間的分別劃清界線。一旦界線劃好了,最高的天使也不過是神的僕人,這是肯定無疑的。但如果耶穌超乎天使之上,又有份於神性主權,這便意味著祂包含在獨一神的本體之內,一如猶太獨一神論的理念。我們若仔細研讀希伯來書一章(可惜我們沒有這個空間),將會發現這段經文小心而巧妙地運用所有猶太獨一神論用以描述神的獨特性的特質，藉此把耶穌包含在獨特的神性本體之內。

耶穌被冠以神的名號

第三點是，這位被高舉的耶穌被冠以神的名號：自有永有的（the Tetragrammaton，即YHWH），這是那位獨一真神的獨特本體的名號；這也是獨一真神獨有的名號，與「神」（god）這個時而顯得含混的字彙不同。希伯來書一章4節說，耶穌坐在神的右邊，以致「祂所承受的名，既比天使的名更尊貴，就遠超過天使」。雖然大部分的解經家並不認同，但這段經文只可指向那神性的名號，且必定是那「超乎萬名之上的名」，根據腓立比書二章9節，當神將耶穌升為至高時，便賦予耶穌此名號。與用神的名字來為被高舉的耶穌命名有關的，是初期信徒用「求告主的名」[9]這短語來言說基督徒的悔改及受洗。這句舊約的短語[10]意即藉神的名——耶和華——來呼求神，[11]但初期信徒將它應用於耶穌身上，意思是：向耶穌發出呼求，視祂作施行神性主權並具有神之名號的主。

在敬拜中承認耶穌所施行的獨特神性主權

第四點是，藉敬拜承認被高舉的基督有份於獨特的神性主權。我們在第一章中看到，猶太人的傳統中，敬拜就是確認獨特神性本體，它指向神，尤其是神作為萬有獨一的創造者和統治者的身分。這點在宗教實踐上最清楚地表達了猶太獨一神論在獨一神與一切實有之間所劃下的分野。它之所以是最重要的基督論論證，不只如近年方興未艾的學術研究所所日漸認同的，只在於肯定敬拜耶穌之舉可追溯至早期猶太基督教。它更指出，耶穌之所以被人敬拜，正是對耶穌被神升高至寶座上而被包含在神性本體內一事的一種回應。因此，腓立比書二章9至11節和啟示錄五章是兩段經文描述的全地向主敬拜是十分重要的，我們在下一章會詳細討論。兩段經文均指出，正是耶穌被升高到寶座上才引發萬物對祂的敬拜。另一段值得留意的經文是馬太福音二十八章17節。在這卷福音書的最後一幕中，我們看到，門徒敬拜耶穌的時候，正是耶穌宣告天上地下所有的權柄都賜給了祂之時。[12]

先存的基督參與神獨特的創造作為

我們一直考慮的論證，是所謂基督論式和終末論式的獨一神論。耶穌被視為施行神在萬有之上終末性主權的那位，此舉是為了神國的降臨，並全宇宙承認神獨特的神性而作的。我們可以說，耶穌被包含在神**終末性**的本體之內。明顯地，初期信徒所關心的，主要是耶穌在現今和將來同樣有份於神性主權。因此更值得注意的是，初期信徒將耶穌亦納入獨特的神性主權內，此舉並不只是終末性的，也是原初性的(protologically)；不單是今在永在的，也是昔在的、起始的。這主要是因為那永恆的神性主權——包括了神在創世之始獨特的創造作為、祂對萬物的管理，以及祂要成就祂至終統管萬有的目的——對於猶太獨一神論來説，是不能分割的。因為獨有神過去創造萬有，所以獨有祂統管萬有，並且獨有他可統管萬有。若耶穌不只是神的僕人，祂也有份於神性主權，並因此內在於神性本體，那麼祂必然也這樣永恆地統管一切。從猶太獨一神論的觀點來看，「基督有份於神創造的作為」這個看法是必須的，否則便不能把耶穌完全包含在神性本體。而把祂包含在神性本體之內，正好是早期基督論的原意。因為對猶太獨一神論者來説，在神創造的工作內，完全沒有空間給予神的僕人去履行祂的工作(即使是神所吩咐的)，創造的工作由神一手包辦。這點已被視為公理。

在所有的新約文獻中，我們均可找到「耶穌包含於神終末性的主權內」的描述。但把祂包含在創造工作的描述，卻沒在那麼普及，只記載於哥林多前書、歌羅西書、希伯來書、啟示錄和約翰福音。[13]既然新約作者並不感到把耶穌包含在創造工作對他們有多大的適切性，記述稀少便不足為奇了。我認為值得注意的，是其中的三段經文(哥林多前書、希伯來書和約翰福音)想用基督論的觀點來表達猶太獨一神論。新約作者並不是只就創造而論創造，甚至只就基督與創造的關係而論兩者的關係，他們想把耶穌包含在神性本體之內。把耶穌包含在創造的神之作為中，是對神獨特本體的重新界定，藉以把耶穌包含在內，把任何能威脅獨一神論的東西（例如，把耶穌看為從屬於神的半神半人〔subordinate demi-god〕）毫不含糊地摒諸門外的途徑。讓我們一同看看當中最早記載的一段：哥林多前書八章6節，它在經文脈絡中所顯露的意義：

> [4]論到吃祭偶像之物，我們知道偶像在地上算不得甚麼，也知道神只有一位，再沒有別的神。[5]雖有稱為神的，或在天，或在地，就如那許多的神，許多的主；[6]然而我們只有一位神，就是父——萬物都本於祂；我們也歸於祂——並有一位主，就是耶穌基督——萬物都是藉著祂有的；我們也是藉祂有的。

從經文的脈絡中看到，保羅的關注顯然是獨一神論式的。吃祭偶像之物和參與神廟的飲宴，都是傳統猶太獨一神論所關注的事——在多神的宗教處境中，他們保持對獨一真神的忠誠。保羅所做的，是以基督教的詮釋，來保持猶太獨一神論這方面的關注，因為忠於獨一真神就是忠於主耶穌基督。他從哥林多書信中（4節末）提及這典型的猶太獨一神論的公式：「除祂以外並無別神」。一方面保羅藉這公式表示認同猶太獨一神論，另一方面隨即在第6節發展他個人一個更完整的獨一神論公式。這個公式以基督徒對「一位主」、「一位神」絕對的忠誠，來比對外邦宗教（5節）中的「許多的神」、「許多的主」。

第6節是一段經細心設計過的經文：

a. 然而我們只有一位神，就是父

but for us **there is** one God, the Father

b. 萬物都本於祂，我們也歸於祂

from whom **are** all things and we for him,

c. 並有一位主，就是耶穌基督

and one Lord, Jesus Christ,

d. 萬物都是藉著祂有的，我們也是藉祂有的

through whom **are** all things and we through him.

這段聲明取材自兩個地方，都是為人所熟悉的。第一段是*Shema*‘，挪用自妥拉中一段有關神獨特性的經典章節，就是在第一章所論到猶太人每天背誦兩次的經文。人們普遍地認為保羅借用*Shema*‘，然後按其原意發展一個基督教的版本。[14]但並沒有多少人了解保羅此舉的全盤意義。在這聲明的第一及第三句（上述 a 與 c 兩段），保羅其實是把*Shema*‘ 中有關耶和華的字句重新組合起來（按申六4：「耶和華——我們神是獨一的主（LORD）」）。[15]但這樣的重組，用意是要同時肯定一神——天父和一主（LORD）——耶穌基督。保羅明顯把主耶穌基督也算入獨特的神性本體之內。他把獨一神論重新定義為基督論

式的獨一神論。假若他被視為在*Shema*‘所講的一神之上，**另加**一位主，那麼從猶太獨一神論的角度看，他所做的就不是基督論式的獨一神論，而是徹頭徹尾的二神論（di-theism）了。把獨特的主**另加**在*Shema*‘所說的獨特的神身上，正與神的獨特性相**矛盾**。若要將保羅的說法理解為保存獨一神論，惟一方法就是將他的言論解作把耶穌包含在*Shema*‘所說的一神本體之內的意思。但無論怎樣理解，一個清楚的事實是，「主」這詞語，在此應用於耶穌身上為「一主」，是取自*Shema*‘的。保羅並非把*Shema*‘未曾提及過的「主」另加在*Shema*‘的獨一神身上。他是把耶穌等同於*Shema*‘所承認的獨一者。因此，在保羅這個對*Shema*‘史無前例的重新定義中，獨一神的本體內**並存著**一神天父**與**一主彌賽亞。相對於那些不了解第二聖殿時期猶太教如何理解神獨特本體的人來說，保羅把耶穌包含在神獨特本體內，此舉當然**不是**揚棄了猶太的獨一神論。假若他只是把耶穌與獨特的神聯繫起來，那他**才是**揚棄獨一神論。

保羅的聲明的第一和第三句把*Shema*‘的語句分開，分別形容神與耶穌；第二和第四句（上述的 b 和 d 段）同樣地把另一組有關「神是萬有之創造主」的猶太獨一神論原則分成兩組，分別形容神與耶穌。保羅曾在別處陳述這聲明的未劃分及未修改版，例如羅馬書十一章36節上（經文跟和合本稍有出入）：「因為萬物都本於祂，藉著祂，歸於祂……」（from him and through him and to him

〔are〕all things）。保羅在這裏是單指向神，而在哥林多前書八章6節，他卻分別地形容神與基督。保羅以兩個介系詞，來形容神作為創造主與萬有之間的關係（「本於」〔from〕及「歸於」〔for或to〕），另一個介系詞（「藉著」〔through〕）形容基督作為創造主與萬有的關係。雖然保羅在羅馬書十一章36節的信仰聲明並沒有在別處以相同形式出現，但有充足的猶太文獻可作比較，[16]證明保羅純粹引用了一個猶太的敘述方式，說明：神不但是創造的動因（agent）或肇因（efficient cause）（萬物都本於祂），以及萬有的目的因（final cause）或終點（萬物都歸於祂），神也是萬有的工具因（instrumental cause）（萬物都藉著祂）。這工具因正好表達了典型猶太獨一神論的關注，就是神不需要任用其他事物去履行祂創造的工作，祂的道和／或祂的智慧獨力完成一切。而保羅在哥林多前書八章6節的重新定式中，卻賦予基督這個工具因的角色，把基督也包含在獨一無二的神性創造工作內。

這個重新的定式暗示基督等同於神的話語或智慧，或同時等同於兩者。究竟把基督等同於那一個並不重要，因為猶太人習慣地把神的創造看成是藉著祂話語或祂的智慧創造。這個看法給保羅一個機會，把基督也包含在神創造工作之內。從這節中我們看到，這節經文或其他以猶太人描述道或智慧的語言來形容先存的基督（pre-existent Christ）的新約經文，都表明不是猶太人道和智慧的觀念推動著基督論的發展。這些經文的目的，是既具原初性同時也具終末性地把耶穌完完全全地包含在神獨特本性之內。「道」和／或「智慧」所扮演的角色正好達到此目的。正如我在第一章中指出，它們代表著猶太人嘗試透過創造工作在神獨特本體內找到某種形式的分別性。「道」和「智慧」在創造工作中的種種活動，並沒有危害神性創造活動中獨一神論式的獨特性，因為它們內蘊於獨特的神性本體之內。這正是保羅所言及的耶穌。在哥林多前書的經文中，保羅展示了最典型的猶太獨一神論的強烈自我意識；他把惟一配受效忠的獨一神與那些外邦人所敬拜的非神劃清界線；他運用典型的猶太人的方法去建構獨一神論的信仰；並把它重新定式，藉以表達一種基督論式的單一神主義。不但沒有推翻猶太教把神從其他實有分別出來的方法，更保存並運用它來把耶穌包含在神性本體之內。他並沒有在猶太人對神獨特性的理解上另外附加上耶穌，而是把祂包含在內，以致始終保存持守著獨一神論。

結語：作為神性本體基督論（Christology of Divine Identity）的新約基督論——超越「職能性」和「本然性」的基督論

如今我們沒法再找到比保羅在哥林多前書八章6節所講的更高層次的基督論了。我剛才所歸納的，可以視為對整個新約有關基督論素材作出全面研究的總結。這些研究可說是陳示了所有新約基督論的特性。在這章作結時，我想指出，那些我用來了解新約基督論的「神性本體」的分類之重要性。我將之與近幾十年來一直主導著新約基督論討論的類別作出對比；那就是所謂「職能性」的基督論和所謂「本然性」(或本體論式〔ontological〕)的基督論。我想指出，神性本體的基督論，會幫助我們超越一般用以理解新約經文的兩個類別——「職能性」基督論與「本然性」基督論——之間帶有誤導成份的對立。我認為，這些分類不足以啟發我們更了解新約經文，至少它們也不能反映出對猶太獨一神論之神觀的充足理解。

因此，縱使在這一章中大部分有關新約對耶穌有份於神獨特主權的描述都被人研究過，但那些誤導的前設和不恰當的分類常令我們錯過大部分整體意思。以「職能性」和「本然性」作為基督論的主流分野看似沒有問題，因為對早期的基督論來說，耶穌履行祂神性主權的「職能」時，並不需人視祂為「本然地」神性的。事實上，從早期猶太獨一神論的角度來說，這個分野極有問題，因為在他們對獨特神性本體的理解中，神獨一的主權並非只是一個能委任別人代勞的「職能」，職能是神性本體其中一個主要的識別特徵，能把神與其他實有分別出來。但獨特神性本體是有關**神是誰**的事實。因此，耶穌有份於獨特神性主權也非單單關乎耶穌作了甚麼，而是在與神的關係上**耶穌究竟是誰**。基本上，耶穌有份於獨特神性主權一事，並非只關乎神性本質或存有的問題，它所強調的**是**神性本體。它把耶穌包含在獨一神的本體內。

當它擴展至把耶穌包含在神的創造作為，並因此也把祂包含在神的永恆超越性之內時，它便不折不扣地視耶穌為**內住**於神獨特的本體裏面了。

「職能性」與「本然性」基督論兩者之別，一直是早期基督論與教父基督論(patristic Christology)之別；前者是在猶太人背景下發展出來的，後者是將希臘有關神本性本質的哲學範疇應用到基督身上從而發展出來的。即使「本然性」基督論看來在新約的範圍內有很好的開始，它亦被視為教父把「神性本質」加於基督身上這做法的起點。背後的假設往往是：鑒於第一世紀的猶太獨一神論者毫不困難地把神性職能賦予耶穌，是因為那沒有抵觸猶太獨一神論，他們是不能輕而易舉地把「神性本質」賦予耶穌，而不會引起那些只能在後期的三一神學發展才能應付(無論成功與否)的困難。這個假設只是以希臘的觀念錯誤地推斷猶太獨一神論，以為後者關注的，是**神明是甚麼**，亦即神性本質的問題，多於「**耶和華(獨一神)是誰**」，亦即神性本體的問題。有關神性本體的整個範疇與耶穌被包含其中的描述，都因著「職能性」與「本然性」兩者的分野，而從根底上被模糊化，使人只能在「基督論只論及耶穌的作為」或「基督論只論及耶穌的神性本質」兩者之間作一選擇。一旦神性本體的分類取代了「職能」和「本然」的分類，成為理解猶太獨一神論與早期基督論的基本和全面的分類，那麼我們隨即見到，新約對基督的神性本質毫不關心，並不表示它只認同「職能性」基督論。我們可看到的，是它清楚地和刻意地應用了獨特神性本體的特性將耶穌包含神性本體內，這做法一直貫串著整個新約。當我們放棄了成見，不再以為高階的基督論必然論及基督的神性本質，我們便能看到那清晰可見的事實，貫串整個新約以「神性本體」為關注的基督論，就是最高階的基督論，也就是確認耶穌是含蘊於神生命之內的基督論。

註釋：

1 太二十二44，二十六64；可十二36，十四62，十六19；路二十42～43，二十二69；徒二33～35，五31，七55～56；羅八34；林前十五25；弗一20，二6；西三1；來一3、13，八1，十12～13，十二2；彼前三22；啟三21。除了啟三21的引用較為不確實外，所有的引用的經文都經確定。

2 有關早期教會如何運用這段經文，參D.H. Hay, *Glory at the Right Hand: Psalm 110 in Early Christianity* (SBLMS 18; Nashville: Abingdon, 1973)；M. Hengel, 'Sit at My Right Hand!' 載於同作者的*Studies in Early Christology* (Edinburgh: T. & T. Clark, 1995)，pp. 119～225。

3 參Hay, *Glory*, pp. 28～31。

4 與詩一一〇1和詩八6相關的是：太二十二44；可十二36；林前十五25～28；弗一20～22；彼前三22；參來一13～29。

5 要注意的是，約伯在世上的寶座和榮耀衰殘後，在天上有一永恆的寶座為他存留。重點是，約伯並非承受了一個與神同等地掌管大地的權力，而在於描繪出，這個天上的寶座只作為他的獎賞，而他在地上的王國也不過是這永恆的真實中的一個沒有價值的影兒。所以此經文便不會成為一個先例，使早期的信徒在運用它時，用來描述基督被神膏立在其右邊，不單作為祂個人所得的獎賞，而且是祂在環宇間的地位和角色。

6 例如，賽四十四24；耶十16，五十一19；Sir. 43:33; Wis. 9:6; 12:13; Add. Est. 13:9; 2 Macc. 1:24; 3 Macc. 2:3; *1 Enoch* 9:5; 84:3; *2 Enoch* 66:4; *Jub.* 12:19; *Apoc. Abr.* 7:10; *Jos. Asen.* 12:1; *Sib. Or* 3:20; 8:376; Frag 1:17; Josephus, *BJ* 5.218; 1QapGen 20:13; 4QD^{b} 18:5:9。

7 有關基督在萬有之上的主權，參太十一27；路十22；約三35，十三3，十六15；徒十36；林前十五27～28；弗一22；腓三21；來一2，二8；參弗一10、23，四10；西一20。有關基督參與創造和保存萬有，請參照約一3；林前八6；西一16～17；來一3。

8 特別留意*T. Levi* 3:4：「在至高之天上，有大榮耀居住在眾聖者神聖之處，遠超過所有的聖潔。」

9 徒二17～21、38，九14，二十二16；羅十9～13；林前一2；提後二22。

10 特別留意詩八十18；賽十二4；珥二32；番三9；亞十三9。

11 參創四26；王上十八24～39。

12 也留意來一6；約五21～23。

13 約一1～5；林前八6；西一15～16；來一2～3、10～12；啟三14。

14 F. F. Bruce, *1 and 2 Corinthians* (NCB; London: Oliphants, 1971), p. 80；D. R. de Lacey, ' "one Lord" in Pauline Christology'，收於 H. H. Rowdon ed., *Christ the Lord* (D. Guthrie FS; Leicester: Inter-Varsity Press, 1982), pp. 191～203; Dunn, *Christology*, p. 180；Hurtado, *One God*, p. 97; N. T. Wright, *The Climax of the Covenant* (Edinburgh: T. & T. Clark, 1991), pp. 128～129; D. A. Hagner, 'Paul's Christology and Jewish Montheism'，收於 M. Shuster and R. Muller ed., *Perspectives on Christology* (P. K. Jewett FS; Grand Rapids: Zondervan, 1991), pp. 28～29; N. Richardson, *Paul's Language about God* (JSNTSup 99；Sheffield: JSOT Press, 1994), p. 300; B. Witherington, *Jesus the Sage* (Edinburgh: T. & T. Clark, 1994), p. 316。

15 在*Shema'* 中的「我們的」(our)一字，在保羅這個重新界定的公式起首之處變成「為我們」(for us)。

16 Josephus, *BJ* 5.218; Philo, *Cher.* 127；參來二10。

第三章

被釘的神：在耶穌裏啟示的神性本體

從被升為至高及先存的基督到地上的耶穌

在首兩章中，我想證明，假若我們小心地和準確地掌握到第二聖殿時期猶太教如何描述獨一神的獨特本體，與新約作者如何言說耶穌，那麼，我們定必非常清楚地看到，新約作者把耶穌包含在獨一神的獨特本體之中。他們小心翼翼地、刻意地、貫徹地，並全面地把耶穌包含在第二聖殿時期猶太教用以分辨神是獨特的那些神性特性裏。在這個意義下，所有新約基督論都是高階基督論，位於第一世紀猶太神學盡可能的最高層次中。它肯定不只是「職能性」的基督論。正如我所建議的，倒不如稱它為神性本體的基督論。當新約作者論及耶穌時，他們是論及**神是誰**的問題。

直到如今，我還是刻意地把論證放在兩個方向來進行。首先，我已集中討論過以色列之神的本體的一些特質，那是第二聖殿時期猶太教恆常強調的神的獨特性，用以把神與所有其他實有加以界分。其中格外引人注目的是，神是萬有的創造者和主宰。我在第一章曾提及其他有關以色列之神的本體特徵。雖然這些對於了解神是十分重要，但我一直把它們擱置一旁，因為它們並非猶太人界定獨一神的獨特性時經常關注的。第二，在我陳述新約作者如何運用神獨特本體的主要特性，藉以把耶穌包含其內時，我的焦點集中於先存的基督，祂有份於神的創造行動；和被升為至高的基督，就是在神右邊有份於神在萬有之上的終末性主權的那位。至於地上的耶穌，祂的生與死，我卻未曾提及。因為先存的和被升為至高的基督，才是最明顯地參與神與萬有之間獨特的創造和主權關係的那位。也是藉耶穌被升為至高，在天上分享神性寶座，早期信徒才確認耶穌是包含在神性本體裏。

但我的討論發展至此，正好是討論地上的耶穌的恰當階段。在適當的時候，我也會交代那些從未處理過的，其他有關以色列神性本體的主要特性。但初步來說，這聚焦於地上的耶穌的討論，會帶來對神性本體這課題的另一個面相。對於早期信徒來說，把被升為至高的耶穌包含在神性本體，意味著曾過著真正並完全人性生活（從受孕到死亡）的耶穌，這位曾受人拒絕並在屈辱中死亡的人子，也屬於獨特神性本體之內。關於神性本體，這說明了甚麼？至今雖然我們曾思想過新約作者如何從耶穌與神之間的關係來言說耶穌，但我們現在要問的，是這個關係如何言說神。換言之，我們必要把耶穌視為神的啟示。新約基督論最奧妙之處，是被升為至高的基督既包含在神性本體之內，引致受苦的耶穌也必須被包含在神性本體之內；以及「受苦與升高」這個基督論格式被視為神的啟示——說得具體一點，是一個有關「神是誰」的最終啟示。這樣的啟示不能不受早期信徒的神觀影響，但那位被新約作者以今日定義為「耶穌的歷史」的角度理解其本體的神，毫無疑問也同時是以色列之神。神在耶穌裏的本體，必與希伯來經卷所描述的神的本體一致。所以，我們將與這些新約作者一起，從新鮮的理念中找尋這種連貫性，從耶穌新的啟示歷史中，尋回那已為人所知的以色列之神的本體。

基督論式獨一神論：早期信徒對以賽亞書四十至五十五章的解讀

在有限的空間內，我將探討新約作者如何理解耶穌在地上的生命和死亡被包含在神的本體內的其中一個進路。正如我們在第二章留意到，大部分早期基督教富創意的神學思想，都是從舊約釋經中獲得的。在猶太的傳統中，新約作者以神學的角度來進行具創意的釋經。當然，他們並非持著現代舊約研究的歷史化態度來解讀猶太經卷；另一方面，他們也不像那些以新約眼光詮釋舊約的學者，只以自己既定的思維框架「讀入」舊約的觀念裏，以為這些思維框架能夠在任何情況下仍可獨立於舊約之外。但新約作者卻是在一個能激發深層的神學洞見的互相詮釋過程中，把舊約文本與耶穌的歷史連上關係。

對新約作者來說，沒有一段舊約經節比我們所知道的第二以賽亞的經文(賽四十～五十五章)更為重要。(當然，對於早期信徒來說，這些章節只是以賽亞先知的書卷中某些部分，但「第二以賽亞」的稱謂，給予這部分經文一個方便的標籤；早期信徒必然視之為以賽亞的預言中，容易被人識別的一段。）對於早期信徒來說，這些章節始終是神賜給他們，解說他們曾經經歷過、參與過的終末救贖事件的意義：以賽亞的「新出埃及」異象，就是神在萬國面前要對以色列所作的救贖行動，並為了萬國最終能一同進入被稱為第三以賽亞（Trito-Isaiah）的經文所提及的新耶路撒冷和萬有的新創造。新約作者受惠於第二以賽亞，這已是公認的事實，只是在程度上仍具爭議而已。早期信徒從第二以賽亞（賽四十9）取用「福音」這個字，這事正好反映了這些章節對他們何等重要。就如四位福音書作者，均突出施洗約翰的事工作為福音故事的開端，與第二以賽亞所預言的「新出埃及」事件的起始相符（賽四十3～4）。[1] 但不為人所完全了解的，是在眾多新約文本背後，早期信徒其實視這些章節為一個整體，有一套整全的解讀。例如，當讀到早期信徒引用以賽亞書五十三章「受苦僕人」的敍述時，我們不可按他們使用經文的方法便以為足以解釋經文的意思，也不可單單在它與其他有關「受苦僕人」的第二以賽亞經文聯用的情況底下理解它，而是將它為以賽亞書四十至五十五章預言為萬國帶來救贖的「新出埃及」中必不可少的部分。

為了達到我們的目的，我認為大家必須注意第二以賽亞中獨一神論的主題與這些章節緊扣在一起的方式。在妥拉所記述的獨一神論經文以外，第二以賽亞的神性講論成為了典型的第二聖殿時期猶太教獨一神論的源頭。

在這些講論中，神宣告祂的獨特性(「我是主，在我以外別無他神」)，並拒絕一切「非神」的偶像，確立祂作為萬有創造者和歷史主宰的獨特性。這些講論包含了所有我們在第一章所提及神的獨特性的特徵。早期信徒清楚地和刻意把先存與被升為至高的耶穌包含在神的獨特本體中，他們明白那本體就是第二以賽亞那位在宇宙與歷史擁有主權的神的獨特本體。但第二以賽亞中獨一神論也是終末性的。它迎向那一天，就是以色列之神會在萬邦面前揭示祂是那位獨一真神，在救贖祂子民的行動中顯露祂的榮耀與救恩，以至全地每一角落都會承認祂是神，並都歸向祂。獨一的神在祂那偉大的、終末性的救贖行動中，將要向全宇宙顯示祂獨特的神性。這也是神國的再臨，那些報好信息(福音)的使者要向錫安宣告，「你的神作王了。」(賽五十二 7；另參四十9)。那獨一的神在「新出埃及」時履行祂普世的主權，向萬國彰顯祂的神性。神的獨特性，與祂為了救贖以色列與世界而有的終末行動，兩者緊緊相連，早期信徒就是在這處境底下解讀那位像謎一般的「神的僕人」；這位僕人見證著神獨特的神性，並根據以賽亞書五十二至五十三章的記載，祂既受苦受死，也受尊崇和被高舉。

我想説明，早期信徒對第二以賽亞的理解是，「神的僕人」的見證、受辱、死亡和升高，是神向世界彰顯祂的榮耀和神性的方法，「僕人」的見證、受辱和升高就是終末救恩事件、「新出埃及」事件。神獨特的神性藉此得以辨認，以致全地每一個角落都承認神是神，並因他們看見神的僕人被高舉，便轉向祂，從而獲得救恩。我認為早期信徒理解第二以賽亞的關鍵，繫於以賽亞書五十二章13節有關受苦僕人的經節與其他以賽亞的經節的關聯。以下就是三段相關的經文：

以賽亞書五十二章13節：

希伯來文：我的僕人行事必有智慧，必被**高舉**（*yārûm*, exalted）上升（*niśśā'*, lifted up），且成為至高（*gāvah*, very high）。

希臘文七十士譯本：看哪，我的僕人必會明白，祂必被**高舉**（*hupsōthēsetai*, exalted），並要受極大的**榮耀**（*doxasthēsetai*, glorified）。

以賽亞書六章1節：

希伯來文：我見主（'ªdōnai）坐在**高**（*rām*, exalted）**高**（*niśśā'*, lofty）的寶座上，祂的衣裳垂下，遮滿聖殿。

希臘文七十士譯本：我見主坐在寶座上，被**高舉**（*hupsēlois*, exalted），升高（*epērmenou*, lifted up）的；祂的殿充滿了祂的榮耀。

以賽亞書五十七章15節：

希伯來文：因為那至高（*rām*, exalted）至上（*niśśā'*, lofty）、永遠長存、名為聖者的如此說，我住在**至高**（*mārôm*, high）至聖的所在，也與心靈痛悔（*dakkā'*, crushed，比較賽五十三5、10）謙卑的人

> 同居，要使謙卑人的靈甦醒，也使痛悔人的心甦醒。
>
> **希臘文七十士譯本**：那位在高處（*en hupsēlois*, heights）、永遠長存、在眾聖者（*en hagiois*, holy ones）中名為至聖者的至高者（*hupsistos*, Most High）如此說，至高者（*hupsistos*, Most High）要活在眾聖者（*en hagiois*, holy ones）中間，並要忍耐心靈昏暗的人，賜生命給心靈痛悔的人。

以賽亞書五十二章13節強調，神的僕人的高升理應跟隨在經文記載的受辱和死亡之後。在此有兩點值得注意：一、「被高舉」(exalted) 和「被提升」(lifted up)（「我的僕人……必被高舉上升」）兩個字也在以賽亞書六章1節出現，描述以賽亞看見神在祂寶座上（寶座被稱為「高 (exalted) 高 (lifted up) 的寶座」）; 在以賽亞書五十七章15節也稱住在至高之處的神，是「至高至上」(exalted and lifted up) 的神。在希伯來聖經中，希伯來文字根*rûm* (to be high, to be exalted；在至高的) 與 *nàšā*' (to lift up；提升) 兩個字合併在一起是罕見的，而這三段經文在語義上的吻合也是令人震驚的。現代舊約學者認為，較後的兩段——以賽亞書五十二章13節和五十七章15節——是依據以賽亞書六章1節寫的。早期信徒想必留意到這種吻合，並運用了猶太人比擬法（*gezērâ sāvâ* ）釋經原則，經文段落中所有相同的字都應互相參照。(我認為，大部份早期信徒的舊約釋經，雖然引用希臘文的版本，仍會參照希伯來原文。在這情況下，文本不但基於希臘文七十士譯本的翻譯，卻更出人意表地與希伯來文相符。）所以，從以賽亞書六章1節和以賽亞書五十七章15節兩段經文相連之處來看，以賽亞書五十二章13節的意思便是：僕人被升高至天上神的寶座上。這也説明了為何在約翰福音十二章38至41節中，以賽亞書五十三章與六章是放置在一起的；也説明為何以賽亞在以賽亞書六章中看到上主的榮耀的異象，被指為看到耶穌的榮耀。二、假若以賽亞書五十二章13節的意思是，僕人被升高並分享神在其管治全宇宙的寶座上，那麼它便可以輕易地連接上與詩篇一百一十篇1節；而後者正是我們在第二章所提及，早期信徒藉以把耶穌包含在神本體內的一段非常重要的舊約經文。因此有兩段關於耶穌被升高至神的右邊的新約經文，把詩篇一百一十篇1節與以賽亞書五十二章13節一併引述（徒二33，五31）；另一段則把詩篇一百一十一篇1節與以賽亞書五十七章15節一起引用（來一3）。

因此這位同時受苦與升高的僕人，便不單是一位從神分別出來的人物；在祂受苦與升高的同時，祂都屬於獨一神的本體。這位神並不單是高高在上，在至高至聖的寶座上統管一切，祂也親自降臨到痛苦和卑微的處境中（賽五十七15）。並且當萬國承認祂獨特的神性，並且歸向祂時，他們所承認的，其實就是那位曾遭受苦辱、如今被高舉在神性寶座的主權裏的僕人。

基督論式獨一神論——基督教理解以賽亞書四十至五十五章的三個範例(之一)：腓立比書二章6至11節

現在我們進入新約其中三個部分，即腓立比書二章6至11節、啟示錄和約翰福音，從中看到他們以獨特的方式將這種對第二以賽亞的閱讀反映和發展出來。

首先，我們會見到，在這三段新約經文中，第二以賽亞的獨一神論式的母題如何被應用到耶穌身上。對於把耶穌包含在那位在第二以賽亞神性論述中宣告自己獨特性的神的獨特本體之內，它們是其中幾個值得注意的例子。雖然每一段經文也曾為人所注意，但卻是個別地受到注意。而一直未受到注意的，是保羅書卷、啟示錄和約翰福音三者把耶穌包含在第二以賽亞獨一神論的觀念上的匯通處。

腓立比書二章6至11節是保羅書卷其中一段重要的基督論經文。因此它也是新約聖經其中一段最早對基督論作反省的經文。它的高潮是耶穌被提升到主管萬有的位置，被賦予神性的名號，就是獨特神性本體之名。

> 叫一切在天上的、地上的、和地底下的，
>
> 　　因耶穌的名**無不屈膝**，
>
> 　　**無不口稱**「耶穌基督為主」，
>
> 　　使榮耀歸與父神。(10～11節)

引述的部分（上文中以粗體標示）出自以賽亞書四十五章22至23節：

地極的人都當仰望我，
就必得救；
因為我是神，再沒有別神。
我指著自己起誓，
我口所出的話是憑公義，並不反回：
萬膝必向我跪拜；
萬口必憑我起誓。

我們要留意舊約（特別是第二以賽亞）對耶和華絕對的獨特性所作的獨有宣言：「我是神，再沒有別神。」在第二以賽亞這段經文——它的確是第二以賽亞**惟一**描繪這題材的一段——描繪了耶和華獨特的神性，向全地作了終末性的展示。這正是萬有獨一的創造者與主宰為祂自己作證，萬口也要讚頌祂為獨一的神和獨一的救主，在敬拜中轉向祂，因而得著救恩。因此腓立比書這一段經文並非對舊約文本未經深思熟慮的迴響，而是一個宣稱：當耶穌升到至高之處，亦即祂在耶和華的普世權柄中與耶和華為一之時，以色列之神的獨特神性便受萬物所崇敬。第二以賽亞的**獨一神論**正是在「耶穌有份於神性本體」這個啟示中得以成全。終末的獨一神論（eschatological monotheism）就是基督論式獨一神論。[2]

基督論式獨一神論—基督教理解以賽亞書四十至五十五章的三個範例(之二)：啟示錄

第二方面，讓我們參考啟示錄中一組稱謂，看看它們如何同時應用在神和耶穌基督兩者身上：[3]

〔神說〕 我是阿拉法、我是俄梅戛(一8)。

〔基督說〕我是 首先的、我是末後的(一17，二8)。

〔神說〕 我是阿拉法、我是俄梅戛，

我是 初、我是終(二十一6)。

〔基督說〕我是阿拉法、我是俄梅戛，

我是 首先的、我是末後的，

我是 初、我是終(二十13)

這三個短語——阿拉法(Alpha)和俄梅戛(Omega)——首先的和末後的；初和終——顯然是對等的短語(因阿拉法和俄侮戛分別是希臘文中第一個和最後一個字母)，也是有策略地被安放在啟示錄的首段和末段裏，在那裏神(一8，二十一6)和基督(一17，二十二13)一同宣告獨特的神性本體。這些宣告以第二以賽亞(四十四6，四十八12，四十一4)中耶和華的宣告為模式：

以賽亞書四十四章6節 我是首先的，我是末後的；除我以外，再沒有真神。

以賽亞書四十八章12節　我是耶和華，我是首先的，也是末後的。

啟示錄的四個宣告刻意地建構一個演進的模式。首三個宣告把不同的(雖則是對等的)短語結構的稱謂分別賦予神和基督。但第四個宣告卻給予基督全部三個稱謂。其中一個稱謂(「首先的和末後的」)只給予基督，其他兩個稱謂(「阿拉法和俄梅戛、初和終」)是同時給予神和基督的。事實上，在啟示錄中，它們是神與基督共同分享的僅有稱謂。它們最能表達啟示錄如何把耶穌包含在獨特神性本體之內。

「首先的，末後的」這個稱謂源自第二以賽亞。它是以賽亞經文中最能濃縮地表達第二以賽亞獨一神論的詞彙。它表達了獨一神的永恆主權，就是神在萬有之先，作為萬有的創造者和歷史的主，帶領萬有，成全終末的時刻。祂是萬物之本源，也是萬物之終點。啟示錄把基督「原初地」和「終末地」包含在第二以賽亞所描述的一神的本體之內。事實上，它把這些稱謂，套用在基督身上，多於套用在神身上，因為「首先的和末後的」這稱謂是第二以賽亞形式的稱謂，其餘兩個稱謂是它所衍生出來的變體。第二以賽亞的獨一神論再次被人理解為基督論式獨一神論。啟示錄整卷書所指向的，是神的國隨著基督的再來而降臨地上。那時神不單被視為萬有之始，也是萬有的末後，是終極，是俄梅戛。

基督論式獨一神論——基督教理解以賽亞書四十至五十五章的三個範例(之三)：約翰福音

啟示錄的終末取向，把這位獨一神的獨特主權引向未來成就的事上。這使「首先的和末後的」這稱謂在第二以賽亞眾多的獨一神論母題中，成為一個最適宜基督論引用的稱謂。但約翰福音的路向卻是迥異的。它透過耶穌在地上工作時的說話，帶出另一個對獨特神性本體所作甚具特色的第二以賽亞宣告。約翰福音所用的是一個更精簡的語句：「我就是祂。」(I am he)，希伯來文是'*ᵃnî hû*'，在七十士希臘文譯本是*egō eimi*(「我是」'I am')。這就是它在約翰福音出現的形式。[4]這句子在希伯來聖經中作為獨特本體的神性宣告，曾出現過七次：一次在申命記，是妥拉中其中一段十分重要的獨一神論的經文；六次在第二以賽亞經卷之中。[5]它以一個最精要的形式宣告神的獨特性，與較普遍的「我是耶和華」('I am YHWH')這宣告相比，其意思是相等的。在約翰福音記錄耶穌的說話中，這宣告的含混性(從經文脈絡來看，好像不必視它為神的自我宣告)幫助它將耶穌與神聯繫起來。這做法並非公然的，因為就算它記載在約翰福音，這個做法在耶穌升天前還是不合宜的；這宣告乃是透過一連七次絕然的「我是」的言說(absolute 'I am' sayings)而逐漸變得明朗起來(約四26，六20，八24、28、58，十三19，十八5、6、8)。這絕不是偶然的，在希伯來的聖經中，'*ᵃnî hû*'就出現過七次，而它的強調性變詞 *'ānokî 'ānokî hû'*（和合本譯作惟有我是）也出現過兩次（賽四十三25，五十一12）；在約翰福音，絕然的「我是」出現過七次，為了強調它的高潮，第七次更重複多兩次（十八5、6、8）（所以兩者都有七次或九次）。這一系列的言説全面地把耶穌確認為以色列之神，祂把自己的身分總括在「我就是祂」這句說話中。再者，這些言說更把耶穌視為神獨特本體的終末性啟示，正如第二以賽亞的言論所預言的一樣。

所以從這三段新約基督論重要的經文——腓立比書二章6至11節、啟示錄、約翰福音——中，我們見到早期信徒以不同形式，把第二以賽亞終末性的獨一神論詮釋為基督論式的獨一神論。他們在這些「高階基督論」的經文中運用了第二以賽亞獨一神論的母題，顯示出獨一神論並非偶然地受人關注，而它就是基督論主要關注的主題。此外，把第二以賽亞的獨一神論主題應用到耶穌身上，其意思不止於把祂包含在神本體之內，也表示耶穌是神的獨特本體給予世界的啟示。把耶穌包含在神性本體之內的做法，可能成為獨一神論的一個問題，但這些新約的作者卻把它展現為神向世界陳示祂獨特神性的一個途徑。

耶穌的受死和升高揭示了神性本體——基督教理解以賽亞書四十至五十五章的三個範例（之一）：腓立比書二章5至11節

進入這三段新約經文第二階段的討論，我們要探討的是，它們如何以第二以賽亞的用語來表達耶穌的受苦、受辱和死亡，這跟第二以賽亞獨一神論的母題息息相關。耶穌實現預言中的終末性獨一神論，因為祂就是那位第二以賽亞所描述的僕人，在受苦和被高舉中揭示了這獨一神的本體。

在新約研究中，腓立比書二章6至11節是釋經爭論中其中一個極其複雜的主題。[6]在此我雖然無法討論所有爭議性的問題，但我會就那些有助我們繼續討論的釋經要點提出我的個人立場，作為準備功夫：一、我不同意大多數人的觀點，他們視這段經文為早於保羅的詩歌(pre-Pauline hymn)。我傾向把它視為保羅親手所寫的。所以我會說保羅是作者。這個觀點並不阻礙我的釋經。二、我不同意那些近期的詮釋者的觀點，認為這段經文一開始便談及人性的耶穌。我會堅持傳統的看法，亦即在最近的討論中仍獲得支持並屬於大多數的釋經觀點：[7]經文初以永恆中的先存基督作始，隨後談到祂的道成肉身。三、我並不認為那段經文表達出「亞當基督論」(Adam Christology)。如果亞當曾在考慮之列，那麼他只間接地被考慮過。我認為亞當與這段經文毫不相干並且會分散我們對主題的注意力。四、至於翻譯第6節下半部的困難，我認為在語意的論點上最佳的翻譯應是：「祂不視自己與神同等是一件可以使祂從中取得好處的事。」('he did not think equality with God something to be used for his own advantage')。

換言之，問題並非好像那些翻譯所言，在於基督有否取得或保存與神同等的地位。祂一直與神同等，所以祂沒可能失去這個地位。問題的核心是祂的態度。[8]
五、「神的形像」(the 'form of God')(6節)與「奴僕的形像」(the 'form of servant'〔slave〕)(7節)明顯是一組表相本質(forms of appearance)的對比：天上神性榮耀的光輝，與地上的人性本質的對照。[9]

這些為準備釋經所作的決定，產生以下對6至11節的註釋。那位與神同等的先存的基督，在天上分享著神性榮耀。但祂並不視自己與神同等一事，可使祂從其中獲得好處。祂並不把自己與神同等理解為應受別人的服事，卻將那理解為藉服事、順服、捨己(self-renunciation)和為人自願忍受屈辱可表現出來的事情。因此祂可以為地上人的生命放棄天上榮華，甘願忍受苦辱以致能順服神到了一個地步，在十架上面對可恥的死亡——一個奴隸般的死亡。這種激烈的自我否定，就是祂表達和實踐自己與神同等的方法，並**因此**(9節)有資格施行對萬有的獨特神性主權。祂升到至高之處，就是神的寶座那兒，並非要獲取或再奪回與神同等的地位。祂常有這個地位，並且永不會失去，祂升為至高只為了神終末性的主權得到實現。當祂施行獨特的神性主權時，祂帶著獨特神性之名(自有永有〔耶和華〕)，接受整個被造界的敬拜。祂既然以人的身分順服於神，來表達了祂與神同等的事實，祂所施行的神性主權就並非與父的神性角力，反而是使榮耀歸於父神（11節）。這就是獨一的神向整個被造界揭示祂的本體，並為整個被造界所頌讚的方法。

為了使這基本的釋經更豐富，我會再多說三個觀點：一、這段經文正是對第二以賽亞的深入解說。我們曾討論過10至11節如何引用以賽亞書四十五章：雖然整體的意義還未為人所了解，但這個引用總算得到廣泛認同。更具爭議性的，還是7至9節引用以賽亞書五十二至五十三章的做法，但我認為字句上的關連足以確立這種引用。[10]以下的是最重要的對應：

腓立比書二章6至11節	以賽亞書五十二至五十三章及四十五章
〔基督耶穌〕祂本有神的形像，不以自己與神同等為強奪的。	
7節 **反倒虛己**， 取了奴僕的**形像**， 成為人的**樣式**； 既有人的**樣子**，	五十三12：因為祂將名傾倒…… （五十二14：面貌， 五十三2：無佳形美容）
8節 就自己**卑微**， 存心順服，**以致於死**， 且死在十字架上。	（五十三7：祂像羊羔被牽到宰殺之地） 五十三12：……以致於死。

9節	**所以**神將祂**升為至高**， 又賜給祂那超乎萬名之 上的名，	五十三12：所以……五十二 13〔祂〕必被高舉上升，且成 為至高。
10節	叫一切在天上的、地上 的和地底下的， 因耶穌的名， **無一不屈膝**，	四十五22：地極的人都當仰 望我，就必得救。因為我是 神，再沒有別神。
11節	**無不口稱**耶穌基督為 主，使榮耀歸予父神。	四十五23：我指著自己起 誓，我口所出的話是憑公 義，並不反回，萬膝必向我 跪拜，萬口必憑我起誓。

當中一直為人所忽視的（即使是那些看得出保羅在這段經文裏暗藏以賽亞書五十三章中受苦僕人的人），就是對以賽亞書五十二至五十三章的引用，與以賽亞書四十五章的引用如何相連起來的問題。保羅解讀第二以賽亞，是要說明透過主的僕人的受苦、受辱、死亡和升高，獨一真神的主權被萬國所讚頌。

以賽亞書五十三章的鑰節是第12節。此段最後的一句：「**所以**，我要使他與位大的同分……**因為**他將命傾倒，以致於死……」先知說，正**因為**僕人甘願受辱，**所以**神把祂高舉。這正是腓立比書這段經文的信息和結構。第7至8節是保羅對以賽亞書五十三章12 節第二句（因為祂將命傾倒，以致於死）的註釋。保羅認為這句經文總結了僕人的捨己、甘願受辱、死亡的整個過程。所以他進一步在「祂將命傾倒」(保羅所寫的希臘文顯示，這句是從希伯來聖經直譯過來的)[11]與「以致於死」之間加上一些解釋。「將命傾倒」就是祂在服事與順服之中的捨己。這種捨己是從祂道成肉身開始，然後義不容辭地面對死亡。保羅把「以致於死」(引自以賽亞書)的意思進一步擴大而成「且死在十架上」這短語，藉以顯明死亡的形式，正如以賽亞書五十三章早已描述的，是僕人甘心受苦後的羞恥終結。但以賽亞先知說，正因為僕人甘願將生命傾倒，所以神把祂高舉(「使祂與位大的同分」)。這在以賽亞書的經文開始時(五十二13)已宣告了：「我的僕人……必被高舉上升，且成為至高」。保羅在第9節中回應這一節(「所以神將祂升為至高」)，並且把它解作：僕人被高舉上升至神性的寶座上，就正如我們之前所發掘的；他更加上了「又賜給他那超乎萬名之上的名」。按以賽亞書四十五章所言，那位上升至寶座上的僕人，就是在世界終局時被世界確認其神性本體的那位。

二、這段經文的主題是「高」與「低」之間和「服役」與「主權」之間的關係。當然，那位屬於獨特神性本體(「與神同等」)的也成為了人，但要討論的並非神性與人性之間的對立。問題並非：無限的神如何成為有限的人？全能全知、無所不在的神如何接受了人的限制？不朽的神如何能死？這些問題只有將神性與人性對立時才會出現，就好像教父時代的情況。腓立比書二章呈現的問題是必須在兩種狀態中作一選擇。那位居住在至高天上的、在萬有之上那寶座上的，何竟不單降到人的層次，更下到極低之處——死在十字架上？祂怎能放棄神的樣式，就是祂在天宮上尊貴和榮耀的身分、受無數天使的服事，卻取了奴僕的樣式，並受羞辱、且必須死在十字架上？第8節所言的「自己卑微」和「全心順服」並不單純是一種道德態度，而是放棄所有地位，接受奴僕無權勢的身分，甘願下到極低之處，遠離祂天上的寶座，正如保羅所說，祂也**因此**被升高至天上的寶座。這不是神性和人性的對立，而是對第一世紀猶太神學的神觀的一個強大的衝擊：被認定為宇宙的大君王，坐在高高的寶座上、無可比擬的在至高之處，創造並統管一切的神，真能把耶穌基督的十架也包含在這位神的本體內嗎？

主人可以同時做僕人嗎？在第二以賽亞與基督事件的啟示下，這段經文如此回答我們：只有成為僕人才可成為主人。

三、這段經文成為了神本體的一個基督論式的陳述。基督被高舉，有份於獨特神性主權，表明了祂被包含在獨特的神性本體之內。但既然被高舉的基督是受辱的基督，並確實地**因為**祂自願被否定而後被高舉，那麼祂的苦辱便如祂的升高般，也屬於神的本體之內。神的本體——神是誰——不單在祂的升高和統治上被揭示，同樣在祂的自我降卑和服事上顯明出來。在上的神也可降卑，因為神之為神不是由於祂為自己找尋好處，而是由於祂甘願付出自己。祂在極低之處付出自己，並服事他人，確保了一個事實，就是祂在萬有之上的主權同時是祂付出自己的一種形式。只有成為僕人才可成為主人，只有同是主人的僕人，才可承受萬有對祂主權的確認，就是確認祂的神性。

耶穌的受死和升高揭示了神性本體——基督教理解以賽亞書四十至五十五章的三個範例（之二）：啟示錄

現在我們簡要地轉向第二個範例：啟示錄。正如很多其他天啟文學的記述，啟示錄四章描述了天上的大寶座，那位創造萬有的獨一者坐在其上。啟示錄其餘的記載揭示了神定意實行祂在被造界終末性的主權，而這個主權現正受到挑戰。第五章繼續這個「天上寶座」的異象，初步地揭示了它將如何發生，並預測它的結果：整個被造界中一切的生物都敬拜神。這個情景與腓立比書二章非常相似和平行。約翰看見被高舉的基督在神性寶座上，在他的異象中，基督猶如被殺的羔羊，正站立其中。正如第四章的神那樣，羔羊接受天上所有服事者的敬拜。但如今敬拜的行列擴張了，以致天上的、地上的、地底下的和海中的一切生物也敬拜「那位坐寶座的和羔羊」（13節）。因此，曾被殺的羔羊被立於寶座上，施行神性主權，使全宇宙都承認神，也就是羔羊所屬的神性本體。毫無疑問地，這羔羊是逾越節的羔羊，代表著「新出埃及」事件的終末救恩的形像，而這個「新出埃及」事件貫串著整卷啟示錄。但曾被殺的羔羊站立的圖像，是引用以賽亞書五十三章7節的。在第二以賽亞所運用有關「新出埃及」事件的主要形像中，僕人如同羊被帶到宰殺之地的情景，把這位被宰殺的僕人塑造成為「新出埃及」事件中逾越節的羔羊。因此，雖然啟示錄主要關心的，是等候被接到天上的基督再來之時成全神性的主權，但它仍以那曾被殺的羔羊坐在宇宙的寶座上的形像，來帶出有關神性本體和統治的觀點，與腓立比書二章的觀點是一樣的。基督被獻上而死亡，這死亡屬於神性本體，一如祂的被膏立和祂的再來都屬於神性本體般真實。只有當那位見證神的真理至死的人履行神性主權，人才能完全理解。只有作為曾被殺的羔羊，啟示錄的基督才是那首先和末後的，是阿拉法和俄梅戛。[12]我要再次説明，地上的耶穌和祂的死被包含在神的本體內的意思，就是：十字架揭示了神是誰。

耶穌的受死和升高揭示了神性本體——基督教理解以賽亞書四十至五十五章的三個範例（之三）：約翰福音

要完成從我們所挑選的三個新約例子理解早期信

徒如何解讀以賽亞書四十至五十五章的研究，我們一定要研究約翰福音。我們先前已看過約翰如何把第二以賽亞那偉大的獨一神論中神的自我宣告——「我就是祂」——套用在耶穌所說一系列七個絕然的「我是」之上。現在我們要看看約翰如何把這位透過耶穌逐漸為人所認識的神的本體，與耶穌的受辱和受難連上關係。我們透過約翰對第二以賽亞的詮釋，可以獲得一個嶄新的角度，理解約翰所了解的十字架這一個極具爭議的主題。

受苦僕人的首句（賽五十二13）如下：

> 我的僕人行事必有智慧，
> 必被**高舉**（exalted）**上升**（lifted up），且成為至高。

> 希臘文七十士譯本如下：
> 我的僕人必會知道，
> 他必被高舉（*hupsōthēsetai,* exalted），並要受極大的榮耀（*doxasthēsetai*, glorified）。

大部分閱讀受苦僕人經節的讀者，包括撰寫腓立比書二章的保羅和其他新約作者，認為這節經文是預期僕人被高舉的一段陳述，並跟隨著僕人的受辱、受苦和死亡的描述之後。以賽亞書五十二章13節預告了僕人要被高舉，但直至整段陳述結束（賽五十三12）這件事才成就。我相信約翰對此有別的詮釋。他把這節經文視為整段陳述的總結。換言之，僕人被高舉這一節經文便講出整個事件——「祂受辱、受苦、死亡和從死裏復活」——的次序，正如以賽亞書五十三章所描述的。僕人在被辱和受苦中得著榮耀和高舉，並透過被辱和苦難得著高舉和榮耀。約翰極具神學深度地詮釋十字架，認為那是耶穌被高舉和得榮耀，這節經文為此提供了釋經基礎。

在約翰福音中，耶穌藉兩個主要途徑來形容祂將面對十字架的命運。從敘述的脈絡上來看，這兩個途徑都不易理解。對於敏銳的讀者來說，兩者在神學上都具有影響力。它們各自運用了以賽亞書五十二章13節的七十士譯本裏兩個用以描述僕人被高舉的動詞的其中一個：*hupsōō*（to lift up, to raise high, to exalt；提升，高舉，升高）和*doxazō*（to honour, to glorify；歸榮耀，尊崇）。我們會逐一分析它們。

符類福音對耶穌受難的預告，是說人子必會受苦，它們甚至細緻地描寫耶穌被人棄絕和死亡的經過，更可能引用以賽亞書五十三章成為耶穌要應驗所預言的命運。[13]但約翰則代之以三個受難的預告，說明人子必要被「高舉」（*hupsōō*, lifted up）：

> 三14～15：正好摩西在曠野舉起（*hupsōsen*, lifted up）銅蛇，人子也必須被舉起（*hupsōthēnai*, be lifted up），要使所有信祂的人都得到永恆的生命。

> 八28：所以耶穌告訴他們：「當你們把人子舉了起來（lifted up, *hupsōsēte*），你們就會知道我是『自有永有』的，並且知道我不憑著自己做甚麼，我只說父親所教導我的。」

> 十二32～34：「……我在地上被舉起（*hupsōthō*, am lifted up）的時候，我要吸引萬人來歸我。」（祂這話是指自己將怎樣死說的。）羣眾回答：「我們的法律告訴我們，基督是永世長存的；你為甚麼說人子必須被舉起（*hupsōthēnai*, be lifted up）？這人子是誰呢？」
>
> （現代中文譯本）

當我們比較符類福音中對受難的預測，約翰福音對受苦僕人這典故的引用更直接，並更形精要（只用了一個詞）：「被高舉」），顯然經過刻意的篩選。約翰這些難解的經文，帶領讀者們進入神學上的啟蒙。這裏的關鍵在於「高舉」這字的雙重意思。這個字既可字面地指向耶穌被釘在十字架上從地上舉起（如十二33，這意義便十分清楚），又可象徵地指向十字架如何把耶穌提升至那掌管宇宙之神性主權的地位上。十字架就是祂被高舉。「從地上被舉起來」（它的動作的特徵），作為向上升至天上神性主權所在之處的關鍵行動，象徵著它的神學特質。當執行死刑的人刻意把耶穌受凌辱的情形顯露人前，約翰福音的讀者卻透過第二以賽亞的眼光，看到這事件就是耶穌的神性本體揭示於人前，藉以吸引萬人歸向祂（十二32）。只有當我們觀察到一些其他人看不到，就是八章28節的典故（賽五十二13：「人子被舉起」），如何與來自第二以賽亞的神性自我宣告「我就是祂」連接起來，只有這樣我們才可以透過第二以賽亞獨一神論的角度來欣賞它整全的意義。這個講述是三個有關人子被舉起的講述（三14～15，八28，十二32～34）中位於中間的一個。這也是七個絕然的「我是」[14]的講述中位於中間的一個。它刻意地把這兩組講論拉上神學上的關係。**當**耶穌在十字架上受凌辱時，被舉起、被尊崇，**然後**獨特的神性本體便會揭示在人前，讓人看見。當神性本體在耶穌的死亡裏被揭示出來，第二以賽亞所盼望的事便會成就：獨一真神向世界展示祂的神性，以致全地都歸向祂，並因此獲得救恩。這三段人子的言論並非只是一再地重複，而是彼此互補。它們綜合了一個見解：十字架揭示了在耶穌裏的神性本體（八28），以致所有人都歸向祂（十二32），從而獲得救恩（三14～15）。

這講述把耶穌的死亡看為祂得榮耀（還有另外兩個有關人子的講述，再加上一些別的見解），運用了以賽亞書五十二章13節中第二個動詞*doxazō*。它以不同的方法去表達「人子被高舉」的意思。

十二23：……人子得榮耀（*doxasthē*, be glorified）的時刻已經到了。

十三31～32：……現在人子已經得到榮耀（*edoxasthē*, has been glorified）了；神的榮耀（*edoxasthē*, has been glorified）也在人子身上顯明了。既然神的榮耀藉著人子顯明，祂自己也要顯明人子的榮耀（*doxasei*, glorify），而且要立刻榮耀祂。

（現代中文譯本）

這個動詞，*doxazō*，可解作「尊崇」（to honour）；在這意義底下，同樣地指向那約翰所言的十字架之吊詭性。正如耶穌的受辱同時也是祂的升高，祂的被人棄絕，並在可恥的死亡中承受的羞辱（shaming）和羞恥（disgrace），也吊詭地成了神對祂的尊崇，祂藉此尊崇神，神也從祂身上得到尊崇。但約翰用這個動詞要表達的遠超過「尊崇」的意思：它是指「天上的榮光」（the heavenly splendor; glory）；其他新約經文描述被高舉的基督正執行神性主權時，總是與此聯繫起來。當約翰福音的序言（一14）說：「我們也見過他的榮光（glory），正是父獨生子的榮光」時，約翰福音本身已有計劃地突顯了「榮耀」（天上的榮光）這個意思。這榮耀是神的顯現，是神本體的彰顯，是「神是誰」可見的彰顯，在耶穌的地上生命反映出來，祂是跟父親一模一樣的兒子。這榮耀在耶穌的神蹟裏出現，並彰顯祂的榮耀，但當神性本體至終在地上被彰顯如同在天上時，那就是耶穌的榮耀達至高峯的時刻。當然，「人子得榮耀」這句話並沒有「祂彰顯神的榮耀」的字面意義。我們其實是處理一些文字遊戲，就是把「神的僕人得榮耀」(賽五十二13)與「主的榮光被揭示」連繫起來，這也是第二以賽亞的主題：

> 耶和華的榮耀必然顯現；
> 凡有血氣的，必一同看見。(賽四十5)

神的榮耀向就是向世界的終末彰顯(即神是誰的啟示)，發生在耶穌受死的事上。

在這兩組的講述裏——亦即把十字架視為耶穌被高舉和得榮耀——神的本體在耶穌受死的吊詭之處中被揭示出來：祂被凌辱，在神性實相裏卻是被高舉；祂的受辱，在神性實相裏卻是被尊崇。這是腓立比書二章5至11節所強調的主題。在受辱和高舉這次序中，那位先傾倒自己，直至完全降卑在十架上，然後被提升到至高之處，在祂身上神性本體被揭露。在腓立比書中這吊詭轉化了「升高」的意義，就是那位甘願降卑到極點，才**因而**被提升到極點。但約翰的敍述中，這吊詭強調的是：耶穌的自我降卑，實際上正是祂的被神高舉。這同樣地發生在主人與僕人的對比，在腓立比書二章表達的是一個次序：那位順服至死亡的，因此被提升為掌管宇宙的主。耶穌先是僕人，後是主人。但在約翰福音，整個有關受難的論述，卻把主僕兩個主題同時結合。耶穌是降卑的王（當祂騎驢進入耶路撒冷），被羞辱的王（在彼拉多面前和十架上）和經歷死亡的王（祂有王室般被埋葬）。耶穌是服事的主，祂為門徒洗腳——一項只有奴隸才做的低賤工作——展現祂死亡的意義。祂為王的身分貫徹於祂降卑以至於死的服事中。正如祂在受凌辱之中被高舉、恥辱之中得榮耀，祂也以奴僕的身分統管一切。祂以此方法揭示出神究竟是誰。神的主權和榮耀顯現於那位服事的神甘願降卑之上，作為這樣的神究竟有何意義？約翰福音的序言再次提供了預設的鑰匙，這次它用了「恩典」這個字（一14、17）。正因為神是那位付出自我的、仁慈的神，神的本體彰顯於愛的服事上，並在祂兒子的死亡中顯出祂的自我棄絕。正因為神是那位付出自我的、仁慈的神，因此我們可以說，神的本體就不單只被揭示了，也透過祂兒子的工作和甘願降卑，在祂向世界施行救恩的事件上呈現出來。

耶穌的受死和升高揭示了神性本體——基督教理解以賽亞書四十至五十五章的三個範例：總結

讓我們簡要地重溫這三段新約的見證，其中我們研究過人確認被釘的耶穌是屬於神本體時所帶來的後果：這位神是全然付出自我的神，祂降到人世間最卑賤的地步，謙卑地成為人，受盡淩辱、痛苦和死亡，這樣的神，絕不比坐在天上統管萬有、得著榮耀的神來得不真實。神並非只在天上的榮耀中彰顯，在十架受人淩辱時便隱藏；後者如前者一樣能彰顯神是誰。神性本體在「被高舉」與「被淩辱」兩極的對比和調和中為人所認識——神是萬有創造者，然而在耶穌人性生命裏的，並不比這殘缺一點；神主宰萬有，但在耶穌的順服與服事裏的，並不比這殘缺一點；神擁有超越一切的王權，同樣地，在十字架上受淩辱的，並不比這殘缺一點。這一切並非互相矛盾，因為神是自我付出的愛，這與祂在創造和統管萬有、道成肉身和死亡時所付出的愛是相同的。「被高舉」與「被淩辱」兩極的對比，正是神在祂徹底的自我付出之愛中啟示出祂是誰。只有在服事的同時祂才掌管一切；只有在降到極低處時祂才被升為至高。這就是腓立比書二章裏「所以」的意思（**因為**耶穌自己卑微⋯⋯**所以**神將祂升為至高。」）這是啟示錄五章所言那曾被殺的羔羊在神寶座上站立的意思。這也是約翰福音的吊詭之處：耶穌在十字架上被高舉和得榮耀。

最後，在我們進入討論另一階段前，我強調一點，十字架所揭示的神聖本體，對於新約作者來說，並非意味著耶穌的生與死只陳示一個有關神的普遍真理：

耶穌揭示神常是如此這般的。在某些意義上，我們將會見到，那是以色列人已經知道的。耶穌的事蹟並非純粹是神性本體的陳示；耶穌本身和祂的事蹟內蘊於這神性本體。耶穌的歷史——祂的受辱和被高舉——就是神付出自己的獨特舉動，祂藉此成全了對世界的救贖，從而向世界展示自己的神性。約翰福音的序言說：透過耶穌基督，恩典和真理**發生了**——神「付出自己」已成事實了——並且神那從未為人所見的榮耀因此被揭示（約一14～18）。在這個「付出自己」的舉動中，神以其最真的自我參與其中，並為世界界定了祂自己。

被釘的神與以色列之神：創新性與一致性

現在我們進入討論的另一個階段，要把這結論與我們的起始點結連起來，換言之，是與希伯來聖經所揭示以色列之神的本體結連起來。如果耶穌啟示了神究竟是誰，如果神的本體就是被釘在十字架上的神，這個啟示如何能與舊約啟示裏以色列之神的本體相關？神在耶穌裏的本體是否與舊約啟示的神的本體一致？透過耶穌所揭示的神性本體只是向世界顯露的普世性啟示，但早為以色列人所完全理解？還是透過耶穌，神的本體才為人完全理解？

要回答這些問題，我們要回到第一章中最初的考慮，就是聖經時期（biblical）和後聖經時期（post-biblical）的以色列如何理解以色列之神的本體。在那個考慮中，我分開討論神性本體的兩個主要特質，並在首兩章裏從這兩個特質的角度出發，進行其餘的論證部分。這兩個特質就是神的創造和管治行動。把這兩特質分開討論的理由是，猶太人對獨一神的獨特性的理解，其焦點在於神作為萬有的創造者和萬有的主宰。這兩個特質有助他們清楚地把神與其他實有分別開來，確認神為一獨特者，只有祂以萬有的創造者和主權者的身分與萬有產生關係。因此這兩個特質也幫助新約作者毫不含糊地把耶穌包含在獨特的神性本體內。然而，當這兩個特質有助於清楚地把神與其他實有分別開來時，它們卻無法充足地描繪神如何與祂的被造界交往，亦無法充足地按神向以色列的自我啟示來確認祂。以色列還有很多有關神性本體的看法。因此我在第一章中提出了兩個看法，兩者都關注神如何與那些和祂立約的人交往。首先，神透過祂在以色列歷史中的作為被確認，特別是在出埃及的事件。其次，神向摩西描述自己時被人認識：「……有憐憫有恩典的神不輕易發怒，並有豐盛的慈愛和信實」（出三十四6）。神在以色列歷史中的作為和祂的自我描述，一同確認神是那位向祂的子民施行恩典的神，並且幫助以色列人界定神是誰。

但對被人這樣確認的神，人必然按其本性而對祂有所期望，就是神在將來以祂已為人所知的本體特性相符的方式再次行動。因此第二以賽亞以一個對早期信徒尤為重要的方式期望的新出埃及事件——以原先的出埃及事件為模式，但卻遠遠超越它。神會向以色列並全地展示祂的神性，並不單為以色列而作，也為萬民施行救贖。第二以賽亞的神是在出埃及時與人立約的神，也是萬有的創造者和主宰，這並非偶然。終末的出埃及事件裏，將證明祂是萬民的神，萬有的主宰和救主，一如祂作為向以色列施恩的神。當祂為以色列和世界施行拯救時，祂作為萬有的創造者和主宰的獨特性，便被全地所承認。

繼之而來的，是那些經歷了新出埃及事件的早期信徒，對神的作為有一番新的敍述，成為對神本體最完整的記述。正如以色列人確認神是那位帶領他們出埃及的神，並藉重述神與以色列交往的歷史來確認祂；新約信徒也確認神就是耶穌基督所彰顯的神，並藉重述耶穌的故事作為世界得救贖的故事來確認祂。新約的故事與以色列之神已為人所知的本性是一致的，但新約的故事為新故事，其新在於神識別自己的方法，祂是萬有的創造者和主宰，藉耶穌基督成了萬有滿有恩慈的救贖主，這識別是最終的和普世的。直到現在，這種創新性仍是以色列能夠接受的。難道沒有一些在不曾預期的情況下顯得驚人和激烈的新看法嗎？當早期信徒把耶穌——一個被淩辱和被高舉的人——包含在神的本體之內；不管他們是以腓立比書二章5至11節的總結形式來敍述，或如約翰福音以耶穌的故事為神自己的順服、謙卑、下降和死亡的故事來仔細描繪，他們豈沒有說出一些有關神本體極度嶄新的看法？如果有的話，我們便要問它如何與以色列所認識的神的本體一致。這種連繫的其中一個重點是，以色列之神的本體並不排拒那些出乎意料和驚人的東西。相反地，神作為神而享有的自由，正是在人意料之外的自由，甚至在那些基於祂啟示的本體所作的預測之外的自由。神可能以完全嶄新與驚人的方法行事，但祂仍是那一位神，並與祂早為人所知的本性一致，只是人從未意料到而已。祂是自由的，也是信實的。祂並非反覆無常的，但也不是人可預測的。人可相信祂與祂的本體是一致的，但祂表明這一致性的方法卻可能使人感到驚嘆。人們只能在事後才辨識到這一致性。

問題是早期信徒如何從新的看法中尋獲一致性。如果被釘的神將極度的新意帶進神的本體內，那該如何安放神本體的一致性？首先，我要重提一點，這點在此書開首的部分已討論過，猶太獨一神論描述神的獨特性時，並沒有用令早期信徒把耶穌包含在神本體內的做法變得不可理解的方式。有些學者(包含很多新約學者)認為沒有任何猶太獨一神論者能在不揚棄其獨一神論的情況下接受神性基督論(把耶穌包含在神性本體之內)，這樣的學者並不明白猶太獨一神論。但這所謂消極的一致性對早期信徒來說並不足夠。在我們的研究中，最令我們印象深刻的，是他們透過對希伯來聖經具創意的釋經，來發展對「神的基督本性」(christological identity of God)的嶄新理解。為了說明此點（本書亦曾以其他方法講解過這點），我集中討論了早期信徒對第二以賽亞的釋經。這些早期信徒能夠完全明白到神在耶穌裏的新身分之時，正是他們進入釋經之中，就是把希伯來聖經的文本和耶穌的歷史帶進互相詮釋的過程裏去之時。如果我們認為這過程只不過是把基督論的意思「讀回」（read back into）希伯來聖經文本中，從而假裝沒有任何事是意料之外的話，我們便誤解這個過程了。第一代信徒比我們更明白，他們從第二以賽亞獲得的重要領悟，有一些是從未被人想過的。但創意的釋經使他們在新意念中找到一致性。他們正是在理解這些新意念與那些已啟示的事彼此之間的連貫性的過程中，完全明白那些嶄新的意念。透過事後仔細商討，他們從神在耶穌裏的新身分這觀點，重新理解以色列之神的本體。他們發現，神仍是那獨一並同一位的神（one and the same God），只是祂的方法並不是我們所能預計的方法，我們只有「在他光中得見光」。

所以我會再多說三個關於神本體的一致性與創新性的要點。首先，我們回到腓立比書二章所提及有關高與低、被高舉與被凌辱、榮與辱的對比。我認為對於第二聖殿時期猶太教而言，把耶穌地上的生命和羞辱的死亡包含在神的本體內，是這對比最突出之處。神作為在天上寶座掌管一切的統治者，這一個形像在第二聖殿時期猶太教是十分顯著的。以致他們很容易認為神甘願降卑到人最低下的地位這個想法，是不可思議的。神性與人性狀態這個議題可以是一顆絆腳石，比日後基督教道成肉身的教義所面對的困難更大：神單一的本性其內部是不可以有區別的；或神人兩性的定義指出它們是互不兼容的。新約甚少記述這些問題，但神性的「高」與人性的「低」，主權者的尊榮與奴僕的低賤，這些對比幾乎是不容置疑的。迄今，無論那些後聖經時期(post-biblical)的猶太文獻就這些問題給我們甚麼印象，以色列之神的本體在某個意義下，已同時包含了祂的卑微和尊貴。我們曾經遇過的一段與腓立比書二章5至11節相關的經文是以賽亞書五十七章15節，它記載如下：

因為那至高至上、
永遠長存、名為聖者的如此說：
「我住在至高至聖的所在，
也與心靈痛悔謙卑的人同居……。」

以色列之神就是那位謙卑和受凌辱的神，那位聽受壓迫者呼求的神，那位把窮人從塵灰中高舉的神，那位坐在至高寶座上認同那些飽受極深痛苦的人的神，那位與極低賤的人認同為一在高處施行主權的神。保羅運用了以賽亞書五十三章受辱而又升高的僕人的描述，在腓立比書二章5至11節使人想到以色列之神的本體這方面的特性。腓立比書二章嶄新之處，在於神在耶穌基督裏處於極深的痛苦當中，祂不單與低微的人同住，祂更**成為**低微的人。神把低微者升高，成為祂自身也參與其中的規律。這原是人不可能預期的，但也不是違反祂特性的。這是嶄新的，但仍合乎以色列之神的本體的。

第二點是，約翰福音的序言把神在道成肉身中的啟示，與以色列之神的本體連上關係，這個做法是具指導性的。序言中的末段（一14～18）説，那位從未為人肉眼所見過的神，已在耶穌基督的人性生命中揭示了自己。耶穌反映了祂天父的榮耀，並且滿有恩典和真理。所有這些語句都引自出埃及記三十三至三十四章，神向摩西啟示祂自己的故事。這是一段重要的舊約經文，描述了神的出現。摩西在那裏求神給他見到祂的榮光（三十三18），但神説他不可見祂的面。當神遮蓋了他的眼睛，並從他身旁經過時，摩西聽到神宣告祂自己的名字：「耶和華，耶和華，是有憐憫有恩典的神，不輕易發怒，並有豐富的慈愛和信實。」（出三十四6）——或約翰的翻譯：「充充滿滿的有恩典有真理」（約一14）。[15]摩西只可聽到神宣告祂是充滿恩典和真理的，他卻不可以看見神的榮耀。但在道成肉身之中，神的榮耀以人的形式被人看見了，恩典和真理（約一17）隨之而來（*egeneto*）。因此，神充滿恩典的愛，即以色列之神本體內最重要的元素，取了嶄新的**人類生命**，神性的自我犧牲於其中發生。這原是人不可能期待的，但也不是違反祂特性的。這是嶄新的，但也合乎以色列之神的本體。

第三點，亦是神在耶穌基督裏的新身分中，我們看來最激進和新穎的一點，我故意把它留待現在才說明，就是：把耶穌包含在神的本體內意思，是把耶穌與祂的父之間的人際關係包含在神的本體內。神性本體再不能純粹地和簡單地以一個單獨的人性主體作為類比而描述之。由於希伯來聖經大幅使用人性媒體的類比來描述神，以致這樣一個極度嶄新的見解必被視作對神性本體的一致性有所懷疑。但若我們這樣想，我們便把聖經的作者看成一班毫不聰敏地持神人同形論（anthropomorphic）思想的人。雖然人性本體可能是有助於思考神性本體的一個普通類比，但以色列之神顯然超越人性本體這類別。人們運用這個人性本體的範疇時，早已意識到神是超越它的。神以萬有創造者和主宰的身分與其他實有交往，人性的類比是不可或缺的，它清楚地指向一個超越性的神性本體而不是人之位格。沒有任何第二聖殿時期猶太教有關神性本體的看法，與內在於神性本體的人際關係的可能性有所抵觸；但另一方面，其中有一小撮的看法已預期這個可能性了。

我認為，有一段新約經文很明顯地確定了內部的神性關係（intra-divine relationships）對理解神性本體所產生嶄新的意義，而且與理解神性身分的聖經傳統非常配合。在這段經文中，神擁有一個新的名字，人以這個新的啟示形式辨認祂的身分。為了幫助我們了解這段經文，讓我們首先回到一段有關神以一個從未被當時人所認識的名字——耶和華——來揭示祂自己的舊約敍述。對摩西而言，出埃及記三章所描述的荊棘裏火焰中之神，就是列祖之神，是亞伯拉罕、以撒和雅各之神（出三6）。但這身分不足以幫助他帶領以色列人離開埃及，並使他們成為神的子民。神的子民需要以神的新名字來了解神新的身分。這不表示他們揚棄了列祖之神的身分，只是超越了它。既然列祖的事蹟一直被稱為「舊約中的舊約」，[16]那麼由「列祖之神」過渡至「耶和華以色列之神」，便為由「耶和華以色列之神」過渡至「耶穌基督之神」提供一個先例。神再次以一個新的名字，使人對祂所啟示的新身分有所了解。這啟示只在一節新約經文中出現：馬太福音二十八章19節。

雖然這段經文是唯一一節提及這啟示的新約經文，但它是非常重要的，並值得我們特別注意它的脈絡。在福音書中，神不斷地被人辨認為以色列之神，但耶穌包含在神性本體內的看法也不斷地出現。[17]最後五節經文正帶出這個高潮。復活的耶穌接受人的敬拜，並宣告祂被高舉，去履行超乎萬有之上的神性主權（太二十八18：「……天上地下所有的權柄……」），「耶穌包含在神性本體之內」便不再模糊了。這段福音書的情景與腓立比書二章5至11節那段基督論式的經文的後半部相同。但後者是被高舉的耶穌承受舊約的神的名字——耶和華。但在這裏，門徒是「奉父、子、聖靈的名」（19

節）給人施洗。「奉主之名」這句式，是新約信徒在施洗與公開宣認信仰，需要呼求神聖名字時，從舊約引用過來的。「父、子、聖靈」成為神新近所啟示的本體的名字，這啟示出現在福音書所說的耶穌的事蹟之中。

現在我們要總結一下在新約所啟示的神的本體的一致性與嶄新意義。我們可說，神在基督裏一方面向世界展示祂的神性，就是以色列人一直所認識的，是同一位獨一真神；另一方面，在這展示過程中，祂重新展示自己。神包含了受辱的和被升高的耶穌在祂的本體內，祂就是父、子和聖靈，亦即是耶穌基督之父、兒子耶穌基督和給予子的父之靈（the Spirit of the Father given to the Son）。

評鑑後期基督論的神學發展

在這個非常簡要的總結部分，我會指出我對新約基督論的論點對於評價在教父時期和往後日子的神學發展有何意義。在此，我最後一次重複我曾討論過的獨一神論與在新約中基督論關係的兩個要點：一、新約作者明顯地和刻意地把耶穌包含在以色列之神的獨特本體之內。二、把耶穌的人性生命與受辱死亡，並祂的被高舉包含在神性本體內，是一個揭示神本體——亦即「神是誰」——的全新做法。

如果我們放眼於新約以外，這個新約基督論的詮釋，可能帶來一個對新約與教父的教義發展兩者之連貫性的新評價。特別是四世紀尼西亞會議所發展出來的正統性。大體來說，似乎有兩個方法來詮釋由新約基督論到尼西亞會議及其後的發展。第一個看法視新約為整個發展的資源的萌芽期，直至第四世紀尼西亞神學的出現才獲得成果。換言之，新約基督論是朝著一個確認耶穌基督是真正、全然的神的方向走，但只有等待到第四世紀的神學家們才完滿地表達了這種全然的神性基督論，並在三一神論的教義之中充足地將它說明出來。我並不認同這看法，我曾指出，一旦我們恰當地了解猶太獨一神論，我們便看到，新約作者早已經以一種深思熟慮和精密的做法，透過把耶穌包含在第二聖殿時期猶太教所界定的神的獨特本體之內，表達出一個完完全全的神性基督論。一旦我們明白了他們以甚麼神學類別來研究，那麼新約便不是基督論的萌芽期，也並非暫時性的。新約本身已表達了一個全然的神性基督論，也就是我曾說的神性本體的基督論。因此，這個「發展性」的模式——即視新約定下了一個基督論發展的方向，而只在第四世紀才完成這看法——是一個嚴重的錯誤。

第二個詮釋的看法假設了一個把真正的神性賦予耶穌的基督論，不可能緣起於猶太獨一神論的處境。據此看法，神性基督論就是從猶太宗教過渡到希臘宗教，再過渡至希臘哲學範疇的產物；尼西亞代表了希臘哲學對基督教教義的征服。對我來說，從這方面去理解歷史恰好與真相相違背。換言之，其實並非猶太的哲學範疇阻礙了把真正全然的神性賦於耶穌，反倒是希臘的哲學範疇帶來這種障礙。按猶太人對神性本體的理解，可接納耶穌包含在神性本體的想法。但希臘哲學——或柏拉圖式的哲學——對神性實體或本性的定義，和對神與世界相互關係的理解，使人很難看到耶穌遠超過半神性存有，甚至真實的神或真實的人。為了對應異端亞流主義，尼西亞神學主要嘗試抗拒希臘哲學所理解的神性所帶來的含意，並把新約這個耶穌包含在神性本體內的觀念，重新栽種在新的概念脈絡中。

在觀念上，從猶太範疇轉變到希臘範疇，其實是由專注於神性本體的範疇（神是誰）轉到神性存有或本性上（神是甚麼）。尼西亞神學的認信口號——即同質說（*homoousion*）（就是基督與父同質）——看來好像向希臘的概念範疇投降。但當我們明白了它在三一論和敍述背景（例如尼西亞信經和尼西亞—君士坦丁信經〔*Nicene and Niceno-Constantinopolitan Creeds*〕）所產生的功能後，我們的印象便會有所不同。這背景確認神是父、子和聖靈，並且從耶穌事蹟的敍述中確認祂就是神。在此背景下，同質說便能產生作用，確保這神性的本體真是那一位獨一神的本體。它以自己的方式，表達了新約的基督論式獨一神論。

但如果教父時期的教義發展是為新約「耶穌包含在獨特神性本體內」提供了一個概念脈絡上的保障，他們在確立新約基督論的第二個特質上，就是透過耶穌的人性生命和祂的十字架將神性本體啟示出來這一點上，就較為失敗了。在這裏，教父們理所當然地把神性本體的看法轉換至神性本質的範疇，並柏拉圖對神性本質的定義，結果嚴重地妨礙人們把受辱、苦難和死亡包含在神性本體內。事實上，被釘的神原是教父的說法，但教父卻極力排拒它對神論所產生的影響。只有到了馬丁路德（Martin Luther），卡爾巴特（Karl Barth）和最近的十架神學，[18]新約基督論最深層的洞見——譬如我們在腓立比書二章5至11節和約翰福音所見到的——才在神學上得到充份的討論和研究。

註釋：

1 太三3；可一2～3；路三4～6；約一23。

2 對於腓二9～11的觀點，我在以下的著作中有較詳盡的討論：R. Bauckham, 'The Worship of Jesus in Philippians 2:9～11'，收於R. P. Martin and B. J. Dodd ed., *Where Christology Began: Essays on Philippians 2* (Louisville: Westminster/ John Knox, 1998), pp. 128～139。

3 有關更詳細的處理，請參R. Bauckham, *The Theology of the Book of Revelation* (Cambridge: Cambridge University Press, 1993), pp. 25～28, 54～58。

4 P. B. Harner, *The 'I Am' of the Fourth Gospel* (Facet Books; Philadelphia: Fortress, 1970); D. M. Ball, *'I Am' in John's Gospel* (JSNTSup 124; Sheffield: Sheffield Academic Press, 1996).

5 申三十二39；賽四十一4，四十三10、13，四十六4，四十八12；五十二6。

6 在這個研究中，一個非常有價值的調查是R. P. Martin, *Carmen Christ: Philippians 2:5～11 in Recent Interpretation and in the Setting of Early Christian Worship* (revised edition; Grand Rapids: Eerdmans, 1983)；還有近期的 R. P. Martin and B. J. Dodd ed., *Where Christianity Began*。

7 D. Hurst, 'Re-Enter the Pre-Existent Christ in Philippians 2: 5～11?', *NTS* 32 (1986), 449～457 ; C. A. Wanamaker, 'Philippians 2. 6～11: Son of God or Adam Christology', *NTS* 33 (1987), 179～193; Wright, *The Climax of the Covenant* (Edinburgh: T. & T. Clark, 1991), pp. 56～98. (但我認為Wright想把神性道成肉身的〔divine incarnational〕和亞當基督論的〔Adam christological〕進路結合起來。)

8 Wright, *The Climax*, pp. 62～90.

9 Wanamaker, 'Philippians 2. 6～11', 183～187.

10 L. Cerfaux, 'Hymne au Christ - Serviteur de Dieu (*Phil.*, II, 6～11 = *Is.*, LII, 13～LIII, 12)'，收於 *Receuil Lucien Cerfaux: Études d'Exégèse et d'Histoire Religieuse*, vol. 2 (BETL 6～7; Gembloux: Duculot, 1954), pp. 425～437。

11 J. Jeremias, 'Zu Phil. 2,7: EAYTON EKENΩΣEN', *NovT* 6 (1963), 182～188。

12 參Bauckham, *The Theology*, pp. 64, 70～71。

13 太十六21，十七23，二十19；可八31，九31，十33～34；路九22，十八33。

14 約四26，六20，八24、 28、 58，十三19，十八5～8。

15 參A. T. Hanson, *Grace and Truth* (London: SPCK, 1975), chapter 1。

16 R. W. Moberly, *The Old Testament of the Old Testament* (OBT; Minneapolis: Fortress, 1992)。

17 參 D. D. Kupp, *Matthew's Emmanuel: Divine Presence and God's People in the First Gospel* (SNTSMS 90; Cambridge: Cambridge University Press, 1996)。

18 見R. Bauckham, *Moltmann: Messianic Theology in the Making* (Basingstoke: Marshall Pickering, 1987), pp. 65～72；同一作者，'Cross, Theology of the'，收於 S. B. Ferguson and D. F. Wright ed., *New Dictionary of Theology* (Leicester: Inter-Varsity Press, 1988), pp. 181～183；同一作者，'Jesus the Revelation of God'，收於 P. Avis ed., *Divine Revelation* (London: Darton, Longman & Todd; Grand Rapids: Eerdmans, 1997), pp. 182～187；W. von Loewenich, *Luther's Theology of the Cross* (tr. H. J. A. Bouman; Belfast: Christian Journals, 1976); A. E. McGrath, *Luther's Theology of the Cross* (Oxford: Blackwell, 1985); D. K. P. Ngien, *The Suffering of God According to Martin Luther's 'Theologial Crucis'* (Bern/New York: Peter Lang, 1995); J. Moltmann, *The Crucified God* (tr. R. A. Wilson and J. Bowden; London: SCM, 1974); E. Jüngel, *God as the Mystery of the World* (tr. D. L. Guder; Edinburgh: T. & T. Clark, 1983)。

縮 寫 表

次經與古代文獻

1Q35	Hymns/Hodayoth
1QapGen	Apocryphon of Genesis
1QH	Hodayot (Thanksgiving Hymns) from Qumran Cave 1
1QM	Milhamah (War Scroll) from Qumran Cave 1
1QS	Community Rule/Manual of Discipline
4Q504	Words of the Luminaries
4Q530	Enochic Book of Giants
4QD	Damascus Document
Add. Est.	Additions to Esther
Josephus, *Ant.*	Josephus, *Antiquitates Judaicae*
Apoc. Mos.	*Apocalypse of Moses*
Apoc. Paul	*Apocalypse of Paul*
Apoc. Abr.	*Apocalypse of Abraham*
Apoc. Zeph.	*Apocalypse of Zephaniah*
Apocryphal Gos. Matt.	*Apocryphal Gospel of Matthew*
Ascen. Isa.	*Ascension of Isaiah*
Bar.	*Baruch*
2 Bar.	*2 Baruch*
Bel	Bel and the Dragon
Bib. Ant.	*Liber antiquitatum biblicarum* (Pseudo-Philo)
Josephus, *BJ*	Josephus, *De Bello Judaico*
C. Ap.	*Contra Apionem*
Philo, *Cher.*	Philo, *De cherubim*

De Conf. Ling	*De confusione linguarum*
De Opif. Mundi	*De opificio mundi*
Frag.	Fragment
Is.	*De Isaeo*
Jdt.	Judith
Jos. Asen.	*Joseph and Asenath*
Jub.	*Jubilees*
Lad. Jac.	*Ladder of Jacob*
Philo, *Leg. All.*	Philo, *Legum allegoriae*
Leg. Gai.	*Legatio ad Gaius*
2 Macc.	2 Maccabees
3 Macc.	3 Maccabees
Phil.	*Pauli epistula ad Philippenses*
Pr. Man.	*Prayer of Manasseh*
Qu. Ezra	*Questions of Ezra*
Sib. Or.	*Sibylline Oracles*
Sir.	Ben Sira (Ecclesiasticus)
T. Abr.	*Testament of Abraham*
T. Adam	*Testament of Adam*
T. Job	*Testament of Job*
T. Levi	*Testament of Levi*
T. Mos.	*Testament of Moses*
Tob.	Tobit
Wis.	Wisdom of Solomon

期刊及叢書

AGJU	Arbeiten zur Geschichte des antiken Judentums und des Urchristentums

BETL	Bibliotheca Ephemeridum Theologicarum Lovaniensium
JJS	*Journal of Jewish Studies*
JSNTSup	Journal for the Study of the New Testament Supplement
NovT	*Novum Testamentum*
NTS	*New Testament Studies*
SBLSP	*Society of Biblical Literature Seminar Papers*
SBLMS	*Society of Biblical Literature Monograph Series*
SJLA	Studies in Judaism in Late Antiquity
SJT	*Scottish Journal of Theology*
SNTSMS	Society for New Testament Studies Monograph Series
WUNT	Wissenchaftliche Untersuchungen zum Neuen Testament